现代康旅产业概论

主 编/王 超 徐 艺

副主编/郭 凌 李荷莲 邹永广

西南财经大学出版社

中国·成都

图书在版编目(CIP)数据

现代康旅产业概论/王超,徐艺主编;郭凌,李荷莲,邹永广副主编.--成都:西南财经大学出版社,2024.8. --ISBN 978-7-5504-6338-7

Ⅰ.F592.3

中国国家版本馆 CIP 数据核字第 2024RN3211 号

现代康旅产业概论

XIANDAI KANG-LÜ CHANYE GAILUN

主　编　王　超　徐　艺

副主编　郭　凌　李荷莲　邹永广

策划编辑:石晓东

责任编辑:石晓东

责任校对:陈何真璐

封面设计:墨创文化

责任印制:朱曼丽

出版发行	西南财经大学出版社(四川省成都市光华村街55号)
网　　址	http://cbs.swufe.edu.cn
电子邮件	bookcj@swufe.edu.cn
邮政编码	610074
电　　话	028-87353785
照　　排	四川胜翔数码印务设计有限公司
印　　刷	成都市金雅迪彩色印刷有限公司
成品尺寸	185 mm×260 mm
印　　张	13.125
字　　数	312 千字
版　　次	2024 年 8 月第 1 版
印　　次	2024 年 8 月第 1 次印刷
印　　数	1—2000 册
书　　号	ISBN 978-7-5504-6338-7
定　　价	39.80 元

编 委 会

主　编

　　王　超　贵州财经大学

　　徐　艺　贵州财经大学

副主编

　　郭　凌　四川农业大学

　　李荷莲　贵州中医药大学

　　邹永广　华侨大学

编　委（按姓名拼音）

　　昌美君　贵州财经大学

　　高　翔　贵州财经大学

　　郭　娜　贵州财经大学

　　李　玥　贵州财经大学

　　李　超　贵州财经大学

　　廉梦鹤　贵州财经大学

　　梁济光　中铁文旅集团贵阳投资发展有限公司

　　廖婧琳　贵州财经大学

　　乔桂萍　贵州财经大学

　　荣雪丽　贵州省中国青年旅行社有限公司

　　王梦然　贵州医科大学

　　王伟杰　贵州民族大学

　　吴胜艳　贵州医科大学

　　许　峰　贵州省社会科学院

　　张竟文　贵阳市仁水社会工作服务中心

　　张陆洪　贵阳花溪福朋喜来登酒店

　　周　正　贵州财经大学

　　朱　靓　贵州财经大学

　　朱星月　贵州医科大学

前言

党的二十大提出的"推进健康中国建设"，是以习近平同志为核心的党中央从长远发展和时代前沿出发，作出的一项重要战略安排。2016年10月25日，中共中央、国务院印发的《"健康中国2030"规划纲要》明确提出："积极促进健康与养老、旅游、互联网、健身休闲、食品融合，催生健康新产业、新业态、新模式。"当今时代，人们注重"健康、安全、品质"出行的需求不断增加，集亲近自然、绿色康养、医疗保健、养老养生等于一体的康养旅游越来越受到大众的欢迎。2021年12月22日，《国务院关于印发"十四五"旅游业发展规划的通知》（国发〔2021〕32号）明确指出，"建设一批山岳、海岛、湿地、冰雪、草原、沙漠、湖泊、温泉、康养等旅游目的地""开展森林康养、自然教育、生态体验、户外运动，构建高品质、多样化的生态产品体系"等发展目标，为康旅产业的高质量发展夯实了基础。

当前，有关康旅产业的论述，主要以理论文章、学术论文、学术专著、规划文本、调研报告为主，面向职业院校、高等院校、行业培训等课堂教学的教材还比较缺乏。为了适应康旅产业发展和相关人才队伍的培养，贵州财经大学现代康旅产业学院教学团队联合四川农业大学、华侨大学、贵州中医药大学、贵州医科大学、贵州民族大学、贵州省社会科学院相关专家，以及中铁文旅集团贵阳投资发展有限公司、贵州省中国青年旅行社有限公司、贵阳市仁水社会工作服务中心、贵阳花溪福朋喜来登酒店等产业导师，秉承"摸着石头过河"的理念，编写了本教材。本教材的编写是在突出现代康旅产业相关基本概念、理论知识点的基础上，根据学生专业培养的定位，结合知识点的扩展阅读和案例学习，简化了深奥的理论研究知识，重点介绍现代康旅产业有关的基础知识，以"案例学习+知识卡片+视听辅助"的模式，配合课题讨论、能力训练、案例研讨、团队学习等方式，激发学生学习兴趣，使学生能够掌握现代康旅产业基础知识点及其实践范畴，从而为相关专业课程的深入学习夯实知识基础。

本教材的适用对象主要为：没有旅游和康养基础知识储备的专科学生、应用型本科学生、产业学院学生以及行业企业培训的新学员。本教材共有六章内容。第一章为现代康旅产业概述，介绍了康旅产业的相关基本概念、研究现状和系统构成；第二章为现代康旅产业的认识与发展，介绍了中西方对康养的主要认识、中西方对旅游的主要认识、现代康旅产业的发展趋势和现代康旅产业的发展意义；第三章为现代康旅产业的主要类型，介绍了森林康旅产业、运动康旅产业、温泉康旅产业、医疗康旅产业、文化康旅产业、美容康旅产业和田园康旅产业相关基本内涵、发展概述和发展类型；第四章为现代康旅产业的需求与供给，介绍了现代康旅产业的市场需求、现代康旅产业的供给模式、康旅产业供给侧的发展趋势、康养产业与旅游产业的融合和现代康旅产业经济的热点相关内容；第五章为现代康旅产业发展的路径，从政府、产业、市场、资源四个方面介绍了推动现代康旅产业发展的路径；第六章为中国现代康旅产业的探索，介绍了中国现代康旅产业发展历程、中国康旅产业的现代化发展、中国现代康旅综合体的建设、大力发展中医药康旅产业和中国现代康旅产业的新动向相关内容。

本教材为教师提供了相关教案、教学大纲、教学案例集、教学进度表、教学改革等参考资料，为学生提供了知识卡片、学习视频、试题库等教学资源（需要这些教学资源的读者，可以与编者联系，邮箱为 707664734@ qq.com），涉及康养、旅游、文化、医学、产业等诸多知识领域，因此鼓励学生采用手机、平板等移动终端进行学习。虽然我们在编写过程中力求做到更好，但也深知编写团队能力的不足，以及前期系统性参考资料的缺乏，很多地方仍需要在实际教学中不断提高和完善。编写团队也想借此教材"抛砖引玉"，对于本教材中存在的不足之处，希望相关专家和读者批评指正，以期待共同完善现代康旅产业相关教材的编写，进一步促进康旅产业的高质量发展。

本教材在编写过程中，得到了西南财经大学出版社的支持和帮助，参考和引用了国内外相关领域的许多研究成果和案例等素材，目的是希望为相关教师和学生提供更为丰富的学习资源，在此一并向各位专家、学者表示衷心的感谢。

王 超

2024 年 5 月

目录

第四章　现代康旅产业的需求与供给 ························· 097

现代康旅产业概述

第一章

学习目标

1. 理论学习目标

(1) 掌握康养与康养产业的基本概念

(2) 掌握旅游与旅游产业的基本概念

(3) 掌握康养旅游与现代康旅产业的基本概念

(4) 理解康养旅游的特征与分类

(5) 理解现代康旅产业的特征与类型

(6) 理解现代康旅产业的系统构成

2. 实践学习目标

(1) 举例讨论对"康养"概念的不同理解

(2) 举例讨论对"旅游"概念的不同理解

(3) 举例讨论对"康养旅游"概念的不同理解

(4) 举例讨论现代康养旅游涉及的产业

(5) 举例讨论现代康旅产业相关产品、设施和服务

章前引言

　　大健康时代催生旅游发展新模式，让人们在安全、轻松、整洁、舒适、和谐的宜居环境和养身、养心、养神的康养文化中，体验休闲度假、旅居交友、田园观光、运动保健、养生娱乐等活动的乐趣，从而愉悦心情和增强体质，享受现代康养旅游的生活。现代康旅产业是大健康产业和旅游产业进行深度融合发展而形成的一种新兴产业，是以健康和养生为主要目的，围绕促进身心健康的多元化、综合性和个性化体验相结合的旅游关联产品或服务的集合。本章将阐释现代康旅产业的相关基本概念、研究现状和系统构成，让学生对现代康旅产业有初步认识，从而为后续章节的深入学习奠定基础。

内容结构

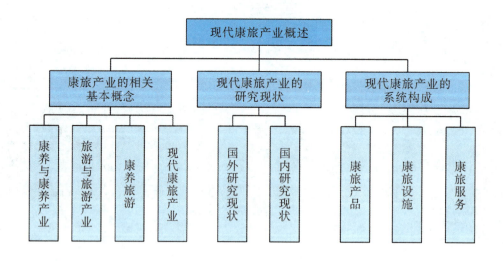

第一节　康旅产业的相关基本概念

一、康养与康养产业

（一）康养

目前，对于康养的概念界定主要有两种：第一种，将其理解为"健康"和"养生"两个含义，认为康养是人们在提升健康理念后，通过健康管理，实现养身、养心、养性[1]等需求的健康生活状态总和；第二种，将康养理解成"健康""养生""养老"的一个三维概念空间。

从不同角度来看，康养也有不同的释义。从学术角度来看，康养是指健康和养生的集合，重点在于生命养护，即从健康和养生的概念来理解康养的内容。从行为学角度来看，康养是一种行为活动，是维持身心健康状态的行为集合，"康"是目的，"养"是手段。从生命学角度来看，康养要兼顾生命长度、精神层面的丰富度和生命自由度。从产业界角度来看，康养等同于大健康，重点是把"养"解读为"养老"，后衍生到"养生"，即为健康养老、养生的统称。

2018年2月，我国首本康养蓝皮书《中国康养产业发展报告（2017）》系统地对"康养"进行了概念界定和理论阐释，指出康养既可以是一种持续性、系统性的行为活动，又可以是诸如休息、疗养、康复等具有短暂性、针对性、单一性的健康和医疗行为，并指出其涵盖了养生、养老、医疗、文化、体育、旅游等诸多业态，其核心在于"尽量增加人的生命长度、丰度和自由度"。

（二）康养产业

由于我国康养产业起步晚、基础较为薄弱，康养产业的概念尚未形成清晰一致的定义。目前，对康养产业概念的界定主要有三种：第一种包含"健康产业"和"养老产业"两部分，是指满足人民健康需求和进行健康产品经营活动的产业的总称。第二种是指为需求者提供身体、精神等各个层面的健康养护的产业。第三种是指一种新兴发展的综合性产业，涉及领域广泛，包含养生、医疗、金融及旅游等服务性产业。本教材着重从产业的角度来阐释康养产业，认为康养产业是与健康和养老、养生服务相关的产业，包括养老、医疗、养生、休闲、旅游、健身、保健、疗养等多个方面，是一个融合了多个行业的产业体系，该产业体系不仅关注老年人的养老问题，而且关注人们全生命周期的身心健康和生活幸福，为人们提供全方位的康养服务，涵盖养老服务、医疗服务、旅游服务、体育文化等多个产业[2]，是为人们提供全方位的康养服务的综合性产业。

二、旅游与旅游产业

(一) 旅游

国际上对旅游的定义主要分为学术性定义和技术性定义。学术性定义的代表是艾斯特（ASET[3]）定义，由汉泽克尔与克拉可夫提出，是指由非定居者的旅行和逗留而引起的各种现象和关系的总和。这些人不会长期定居在一个地方，并且不涉及任何的赚钱活动。技术性定义的代表是联合国世界旅游组织（UNWTO[4]）的定义，是指为了休闲、商务或其他目的离开他们熟悉的环境，到某些地方并停留在那里，但连续不超过一年的活动。学界普遍接受的旅游定义为：旅游是人们出于移民、就业、任职以外的其他目的，离开自己的惯常居住地前往异国或他乡的旅行和逗留活动，以及由此引起的现象与关系的总和。目前，国内外学者对旅游概念的研究更加多元化，他们从社会属性[5]、经济属性、文化属性或者游客体验等各种视角来进行定义，呈现的是一番"仁者见仁，智者见智"的景象，如表1-1所示。旅游的六要素[6]包括食、住、行、游、购、娱。

表1-1　旅游的相关定义

国际/国内		定义内容
国际	学术性定义	艾斯特定义：旅游者是非定居者的旅行和逗留而引起的诸多现象和关系的总和，他们不会形成长期居住在一个地方并且不牵涉任何（谋生性的）赚钱活动
	技术性定义	联合国世界旅游组织的定义：旅游是指人们为了休闲、商务或其他目的离开他们熟悉的环境，到某些地方并停留在那里，但连续不超过一年的活动
	其他	例如基于动机：旅游，是为了使人消遣、得到休息，能让人活动在新的环境中并欣赏未知的自然风景，增长见识而进行的旅行或离开常住地到外地逗留的一项休假活动

表1-1（续）

国际/国内		定义内容
国内	不同视角	（1）基于旅游活动目的：旅游是指人们为了满足自身的需求而产生的一种在闲暇时间内获得休闲愉悦的体验活动 （2）基于体验视角：旅游是个人以前往异地寻求愉悦为主要目的而拥有的一种具有社会、休闲和消费属性的短暂经历 （3）基于心理学和美学角度：旅游是通过时间、空间的穿越实现心境的转换与对话场的构建，并展开一场心灵对话，达到身心舒畅的过程 （4）基于现象学的视角：旅游是人类的一种生活方式，离不开人的生活世界，终究要回归人类的生活。但旅游回归生活并不意味着旅游就是生活，而是通过旅游更加清晰地观察他者的生活并反观自我的生活和生存状态 （5）基于语义学和语源学视角：现代"旅游"一词经历了从"游"到"旅游"的古今转变，但并不能完全等同于"旅游"。简而言之，旅游是人们在非惯常环境下的游览观光活动，旅游的本质是物我双会之时空体验，是一种审美意义上的精神体验。旅游包括了旅游活动和异地休闲活动，是人们在非惯常环境下的游览观光活动和休闲生活方式 ……

资料来源：中国知网，经笔者整理而得。

常见的与旅游相关的词语还包括观光、旅行、休闲、游憩、度假等。观光强调去参观名胜古迹，或者观赏一个国家或地区的文物、风光等，例如参观博物馆、历史遗迹、古建筑、山川、湖泊等景点，以及享受美食、购物和参加文化表演等活动。相较旅游而言，观光的目标指向更明确。旅行与旅游之间的联系和区别不是绝对的，一般认为旅行更多地强调空间上的移动过程，旅游不仅包括这种空间的移动过程，而且包括在异地的短暂滞留过程和在移动、滞留过程中伴随的其他活动。休闲是指在时间上的闲暇状态（闲暇时间是除去生存需求之外的时间），休闲活动是人们在闲暇时间从事的活动，它包括了狭义上的旅游和本地游憩活动。游憩包括户内游憩与户外游憩。广义上的户外游憩（即大游憩）相当于整个休闲活动，大游憩既包括了在惯常居住地的活动，也包括部分在惯常居住地之外的活动；狭义上的户外游憩（即小游憩）仅包括在惯常居住地的活动，它与旅游活动在一日游部分有交叉。度假是一种旅行方式，通常是在一个舒适的环境（如海滩、山区等）中享受美食、美景。度假可以是短期的，也可以是长期的，其目的因人而异，但通常是为了放松身心、减轻压力、恢复精力、享受美好时光。

（二）旅游产业

产业是社会分工和生产力不断发展之后的产物，是生产相互关联产品或服务的厂商的集合，它是相互联系的、具有不同分工的、由各个行业所组成的业态总称。

旅游业，在国际上被称为旅游产业，是凭借旅游资源和设施，专门或者主要从事招徕、接待游客，为其提供交通、游览、住宿、餐饮、购物、文娱六个环节的综合性行业。旅游产业属于第三产业，具有明确的社会经济属性，旅游活动是具有消费性的经济活动。旅游产业中的部门可以划分为旅游核心部门、旅游依托部门和旅游相关部门。旅游核心部门是指离开了旅游者消费就无法生存的行业和部门；旅游依托部门是指离开了旅游者消费还能生存和发展的行业和部门；旅游相关部门是指不一定依赖旅游产业，但对旅游产业具有重大意义的行业和部门。因此，本教材将旅游业界定为：旅游核心部门所包含的行业和部门，即传统意义上所认为的狭义的旅游产业。同时，本教材将旅游产业界定为：包含在旅游核心部门、旅游依托部门和旅游相关部门的所有行业和部门，即广义上的旅游产业。

需要注意的是，在对旅游产业进行界定时，不能把旅游产业范围界定得太窄，但旅游产业的范围也不能无限扩大，如果将为旅游产业提供支持和保障的其他产业纳入旅游产业的范畴会造成产业界限混乱。

三、康养旅游

（一）康养旅游的界定

康养旅游是现代旅游中的一种新兴旅游活动。国内最早提出的康养旅游是指健康旅游和养生旅游的融合，是人们在自然人文生态环境下，通过休闲、游乐和康体等形式，达到强身健体、修身养性等目的的一种旅游活动。2016年，原国家旅游局出台《国家康养旅游示范基地标准》（LB/T 051-2016），将康养旅游（health and wellness tourism）定义为：通过养颜健体、营养膳食[7]、修心养性、关爱环境等各种手段，使人在身体、心智和精神上都达到自然和谐的优良状态的各种旅游活动的总和。

随着康养旅游的迅速发展，学者们对康养旅游的概念界定有了进一步的深入研究。有的人认为"康养旅游是以良好的物质条件为基础，以旅游的形式使游客达到健康、快乐、幸福的目标的专项度假旅游";有的人认为康养旅游不仅仅关注身体机能健康,更注重身体、心智和精神领域的平衡与和谐;有的学者在对智慧康养旅游定义时提道,"智慧代表的是新的网络信息技术,而康养所追求的是一种'身、心、神'俱佳的平和状态,旅游则是实现康养目的的产业和手段"。

综上所述,本教材认为:康养旅游是人们基于养生益心的自然生态、人文社会、保健疗养等资源条件,来进行的诸如观光、旅行、休闲、游憩、度假等旅游体验活动,从而实现身、心、神的平衡与和谐,达到促进健康的目的。康养旅游的体验活动多种多样,包括风景观赏、文化娱乐、身体检测、医学治疗等。这些活动不仅让游客在旅游过程中享受到美景和文化的魅力,同时还能促进身心健康。

(二)康养旅游的特征

1. 促进旅游者健康和养生

康养旅游的主要目的是通过在旅游活动中的各种养生方法,如养颜健体、营养膳食、修心养性等,在注重身体健康的同时,还注重心灵的滋养和情感的满足,促使旅游者达到健康和养生的目的。

2. 多元化的旅游体验活动

康养旅游不仅包括传统的旅游活动,如观赏风景、文化娱乐等,还包括一系列在旅游过程中养生和健康管理活动,如身体检测、医学治疗、养生锻炼等。

3. 综合性和个性化相统一

康养旅游注重综合性和个性化相统一的体验。综合性是指康养旅游包含了多个领域的内容,如医疗、健康、休闲等。个性化是指康养旅游针对不同人群的需求和特点,提供个性化的服务和体验。

4. 持续性和长期性相结合

康养旅游是一种持续性和长期性相结合的旅游方式。它不仅注重旅游过程中持续性的健康和养生效果,还注重长期旅居过程中的生活质量和持续的健康管理。

(三)康养旅游的分类

目前,学界主要按照康养资源、健康状态、消费者年龄和经营模式等对康养旅游进行分类。

1. 按照康养资源分类

按照康养资源,康养旅游可以分为自然康养旅游和人文康养旅游两大类。其中,自然康养旅游是指以为人们提供康养服务或产生康养价值的、由各种地理环境或生物景观构成的自然景观为依托，通过与大自然的亲密接触，达到身心放松和健康促进目的的康养旅游活动。例如，利用山地康养资源开展登山、滑雪等项目达到强身健体目的的康养旅游活动。人文康养旅游是指以社会环境、人民生活、历史文物、物质生产构成的为人们提供康养服务或价值的人文景观为依托，通过参与和体验目的地的文化、艺术、历史和传统，达到心灵上滋养和精神上满足的康养旅游活动。例如，通过修养禅心、琴棋书画、国学太极®等文化康养资源达到修身养性、陶冶情操目的的康养旅游活动。

2. 按照健康状态分类

人们的健康状况可以分为健康、亚健康®和疾病三类，不同身体状况的人的康养旅游需求有所差异。按照健康状态，康养旅游可以分为健康人群的康养旅游、亚健康人群的康养旅游和疾病康复人群的康养旅游。其中，健康人群的康养旅游是指针对身体健康、无明显疾病人群的户外运动、休闲度假、健康饮食等康养旅游活动，旨在通过康养旅游使自身保持健康状态。亚健康人群的康养旅游是指针对亚健康状态人群的健康检查、心理咨询、放松疗法等的康养旅游活动，旨在通过康养旅游实现身体保健、释放压力等目的。疾病康复人群的康养旅游是指针已经患有某种疾病，正处于康复阶段人群的医疗旅游、康复中心度假、康复训练和治疗等康养旅游活动，旨在通过康养旅游进行康养活动，以达到康养、医疗、治病等目的。

3. 按照消费者年龄分类

按照消费者年龄，康养旅游可以分为老年人康养旅游、中年人康养旅游、儿童和青少年康养旅游三类。其中，老年人康养旅游是指为老年人群设计的康养旅游活动，旨在增加老年人幸福感和满足感，丰富老年人的精神生活，包括文化体验、养生度假、太极、散步等康养旅游活动。中年人康养旅游是指为中年人设计的康养旅游活动，旨在满足成年人在工作和家庭压力下对健康和放松的需求，包括健身、瑜伽、心理调适、抗衰老等康养旅游活动，以及针对特定健康问题（如心血管健康、关节保护等）的康养旅游活动。儿童和青少年康养旅游是指为儿童和青少年设计的康养旅游活动，旨在促进儿童和青少年的身心健康和个人成长，包括户外探险、自然教育、体育活动等康养旅游活动。

4. 按照经营模式分类

按照经营模式，康养旅游可以分为候鸟式^⑪康养旅游、疗养式康养旅游、乡村式康养旅游和综合式康养旅游等。候鸟式康养旅游是指夏季前往凉爽的地方避暑，冬天又像候鸟一样迁徙回暖和的地方过冬，这是通过对气候资源的利用而开发的经营模式。疗养式康养旅游兼顾旅游、医疗和康养等功能，它对目的地的康养医疗技术和服务水平要求较高。乡村式康养旅游是以农村优质的生态环境以及农业、农产品来开展经营,以实现乡村和公司经营的双赢。综合式康养旅游是综合以上三个特点,由于在实际经营中,考虑到资源、环境、成本等多种影响因素,所以综合式康养旅游更加贴近现实,经营门槛相对较低。

除了以上分类方式,康养旅游还可以分为养身康养(运动康养、田园膳食康养等)、养生康养(水域康养等)、养神[10]康养(文化康养等)三类。

四、现代康旅产业

(一) 现代康旅产业的界定

目前,国内学者尚未对"现代康旅产业"的概念进行明确界定,并且对于"康旅产业"这一主题的相关研究也较少。学者们更加关注"康养产业""康养旅游""农文康旅融合发展"等方面的研究,而在对这些主题进行探讨时,并没有对康旅产业做出具体的阐释,而是将其作为几种产业的融合,且现有研究多聚焦于"文康旅""文体康旅""农文康旅"等多产业融合方面。因此,基于康养旅游的核心内涵和外延,现代康养旅游产业简称现代康旅产业,是人们以健康和养生为主要目的,围绕促进身心健康的多元化、综合性和个性化体验相结合的旅游关联产品或服务的集合,它涵盖了人们在旅游过程中与"食、住、行、游、购、娱"相关康养的产品或服务。现代康旅产业特别强调运用现代医学技术与设备融入旅游业、交通客运业和住宿业之中,来为旅游者提供医疗、健康、休闲、养生等各种产品和服务,包括身体检测、医学治疗、保健锻炼等。现代康旅产业的发展需要多方面的支持和配合,包括政策支持、技术支持、人才支持和市场支持等。同时,现代康旅产业也需要加强行业监督和管理,确保产业的健康和可持续发展。现代康旅产业是一个新兴的旅游产业,具有广阔的发展前景和市场潜力,是未来旅游产业发展的重要方向之一。

(二) 现代康旅产业的特征

1. 融合化和跨界化

现代康旅产业注重融合化和跨界化的发展,将不同领域、不同产业的产品和服务进行融合和创新,为游客提供更加全面、丰富的康养体验。

2. 高品质和专业化

现代康旅产业注重高品质和专业化的服务,提供专业的健康管理、养生指导和旅游服务，以提升游客的满意度和体验感。

3. 科技化和智能化

现代康旅产业注重科技化和智能化的发展，利用先进的技术和智能化设备，为游客提供更加便捷、高效的服务和体验。

4. 多元化和个性化

现代康旅产业注重满足游客的多元化和个性化需求，在旅游过程中提供多种康养项目和产品，以适应不同年龄层、不同背景游客的需求。

（三）现代康旅产业的类型

以产业资源特色为依据，现代康旅产业的类型主要包括以下七个：

1. 森林康旅产业

森林康旅产业是以丰富的森林景观、浓郁的森林文化、宜人的森林环境与健康的森林食品为依托，结合相应的休闲养生及医疗服务设施，开展的有利于人体身心健康、延年益寿的森林游憩、度假、疗养、保健、养老等各种旅游体验产品和服务的集合。

2. 运动康旅产业

运动康旅产业是运动休闲旅游和康养旅游融合产生的旅游新业态，结合了体育旅游和康养旅游的特点，集康养、旅游、体育、文化、休闲、娱乐和人际交往于一体，具有多样性、自选性、综合性、亲和性等特征，为游客提供多元化、高品质的体育运动和休闲活动相关的旅游体验产品和服务的集合。

3. 温泉康旅产业

温泉康旅产业是一种利用温泉的特殊地理环境和丰富的温泉资源，结合了温泉浴疗、康体健身、休闲度假、保健疗养等多种功能，为游客提供健康、舒适、放松的旅游体验产品和服务的集合。

4. 医疗康旅产业

医疗康旅产业是一种将医疗保健和旅游服务相结合的产业，旨在为游客提供全面的健康管理和旅游体验，促进身心健康和生活质量的提高。旅游者可以根据自己的病情、医生的建议，选择合适的游览区，在旅游的同时进行治疗和恢复身体健康。

5. 文化康旅产业

文化康旅产业是一种将文化、养生和旅游服务相结合的产业，旨在为游客提供具有文化内涵和养生功能的旅游体验。在文化康旅产业中，游客可以参加各种文化活动，如参观博物馆、艺术展览、历史遗迹等，了解当地的文化历史和特色。同时，游客还可以参加诸如中医养生运动、瑜伽锻炼、打太极拳等活动，以改善身体状况和提高生活质量，达到提高生命质量和延长寿命的目的。

6. 美容康旅产业

美容康旅产业是一种将美容、疗养和旅游服务相结合的产业，旨在为游客提供具有美容和养生功能的旅游体验。在美容康旅产业中，游客可以参加各种美容活动，如皮肤护理、SPA[12]等，以改善皮肤状况和保持年轻状态。同时，游客还可以参加各种疗养活动，如温泉浴疗、中医养生、瑜伽等，以缓解压力、放松身心，促进身心健康。

7. 田园康旅产业

田园康旅产业作为一个新兴产业，结合了田园风光、健康养生和旅游度假等多个元素，其以健康、休闲、度假为主题，以田园为载体，通过提供生态食材、健康农产品以及农业体验，满足人们对于健康、自然、和谐生活的追求。在田园康旅产业中，人们可以享受到优美的自然环境、清新的空气、健康的食品等，同时也可以参与各种农业活动，体验乡村文化和生活方式。田园康旅产业的发展对于促进城乡交流、推动文化传承和保护都具有重要意义。

第二节　现代康旅产业的研究现状

一、国外研究现状

目前，国外鲜有以现代康旅产业（modern health、wellness and tourism industry）为主题的研究，但是健康旅游（health tourism）的相关研究成果比较多。健康旅游是消费者通过旅游的形式到其他地方开展健康服务和医疗保健的旅游活动，包括登山健身、温泉疗养、器械保健等各种活动。但这一概念并不全面，例如，朝圣者为了寻求精神上的治疗而前往各地朝圣也是健康旅游的一种，因此这一定义未能将促进人们心灵健康的旅游活动包含在内。健康旅游最早从医疗旅游演变为保健旅游，然后再发展成为健康旅游，最后三者并存，所以造成了它们之间的概念交叉。2008 年，联合国世界旅游组织提议将健康旅游和医疗旅游从概念上区分开，将医疗旅游解释为通过医疗器械、手术手段来使身体恢复健康的旅游形式，其主要目的是疾病的治愈，旅游只是这一活动开展的载体；而健康旅游则是指以旅游的形式，去往各地吃美食、赏美景，参与者在身体上没有太大的疾病，其主要是为了愉悦心情、放松身心以及得到精神上的满足。

由于国外关于健康旅游的概念界定还具有一定的争议，所以健康旅游（health tourism）、养生旅游（wellness tourism）、保健旅游（healthcare tourism）、医疗旅游（medical tourism）之间的具体范围有重叠，没有统一的标准和界限。一些学者将医疗旅游和保健旅游囊括在健康旅游范围内，另外一些学者则将健康旅游分为医疗旅游和养生旅游。这主要是因为"health"的英文传统释义是指身体没有疾病或者身体处于完好状态，而"wellness"则是指生理和心理状态都完好，尤其是指通过运动、良好的饮食习惯保持身体健康。因此，国外关于健康旅游范围的界定可以分为以下三类：一是健康旅游作为总称，涵盖医疗旅游和养生旅游等多种类型；二是分为健康旅游和医疗旅游两类；三是分为健康旅游和保健旅游，其中健康旅游包含医疗旅游。同时，国外将医疗旅游界定为消费者选择跨境旅行或前往海外目的地接受治疗的旅游方式，概括来讲就是消费者以旅游的形式，利用医疗器械和设备来完成身体上的疾病治疗。养生旅游则被界定为通过旅游、保健服务来修身养性，达到身体和心灵的一种健康状态。

二、国内研究现状

国内针对"现代康旅产业"的研究，主要围绕"健康旅游""文旅康养"等主题来开展，探究"旅游+"康养产业的融合发展。健康中国战略的实施也为"康养+"产业研究提供了新的领域，康旅产业的研究也逐步获得国内学者的关注。康旅产业是康养产业与旅游产业融合发展的新趋势，具有广阔的融合发展空间，但目前针对康旅产业的学术研究还较少。

在使用"康旅"一词时，国内大部分研究将其默认为康养产业和旅游产业的融合，认为康养产业和旅游产业二者通过供需互促来实现康旅耦合协调发展。相关研究成果主要还是集中在"康养旅游产业"。康养旅游产业是"以提升健康效益为目的，健康服务业与旅游业通过资源共享、功能延伸、技术和服务渗透等方式，相互渗透、相互延伸，逐渐形成的融合型新业态"。因此，国内一些学者将"康旅产业"看作康养产业和旅游产业的融合，有的则将其看作健康产业和旅游产业的融合。国内学者对康养旅游产业的研究主要集中在健康旅游，健康旅游是以旅游者健康为出发点，从生理、心理或社会适应方面促进旅游者健康的旅游形式，并从纵向和横向对健康旅游进行分类。从纵向来看，健康旅游分为保健旅游和医疗旅游，其中保健旅游又可以称作养生旅游，包括温泉、SPA、中医养生调理、美容美体等以维护和促进旅游者健康为目的的旅游形式；医疗旅游则以恢复健康状态为目的，指旅游者去居住地以外的地方寻求疾病的检查、治疗和康复的旅游形式。从横向来看，依据健康概念的三个维度，医疗旅游可以分为生理促进型医疗旅游、心理促进型医疗旅游、社会适应型医疗旅游。

另外，部分学者研究了与健康旅游产品相关的问题。健康旅游产品是指能满足旅游者健康需求的产品，包括有形产品和无形产品两大类。其中有形的健康旅游产品强调的是一种外在可视可触的景观；无形的健康旅游产品是指通过对具有文化内涵或氛围的环境感知，有促进身心健康作用的产品。目前，我国健康旅游产品有待开发，尤其是在塑造中医特色品牌方面，要突出中医药[13]文化元素特点。

第三节　现代康旅产业的系统构成

系统[14]是由相互作用、相互依赖的若干组成部分结合而成的、具有特定功能的有机整体。系统可以是一个具体的物体、组织或过程，也可以是一个抽象的概念或理论。在现代康旅产业中，各个组成部分如康旅产品[15]、康旅设施、康旅服务等相互关联、相互依赖，共同构成了一个完整的系统。这个系统通过相互作用和协调，实现了康旅产业的整体功能和目标。

一、康旅产品

康旅产品是指以"康养+旅游"等资源为基础，以旅游体验为导向，整合各方面资源，让消费者享受到观光、游乐、休闲、度假、养生、养老等多方面需求，提供一站式的相关旅游商品和服务，包括温泉疗养、森林浴、中医养生、户外运动等，以满足游客的健康和养生需求。

二、康旅设施

康旅设施是指为满足康旅活动所需的设施和设备，包括但不限于以下方面：一是住宿设施，即为游客康养需要提供舒适、安全、卫生的住宿环境，包括酒店、度假村、民宿等。二是餐饮设施，即为游客提供健康、美味的餐饮服务，包括餐厅、咖啡馆、酒吧等。三是娱乐设施，即为游客提供各种康养所需的娱乐设施，如健身房、游泳池、SPA 中心、电影院等。四是医疗设施，即为游客提供专业的医疗服务的设施，如医院、诊所、药店等。五是运动设施，即为游客体育锻炼提供便捷的运动场地或设备的支撑，如公园步道、锻炼设施、健身设备等。六是现代生活服务配套的<u>基础设施</u>⑯，即为游客提供基础性保障的设施，如信息基础设施、通信基础设施、水电基础设施等。

三、康旅服务

康旅服务是指为游客提供与康养旅游发展相关的各类服务，包括但不限于以下方面：一是康旅发展规划服务，即为康旅产业相关建设者，提供专业的康旅规划服务，包括行程设计、景点推荐、餐饮安排、市场营销、财务管理、人力资源管理等，为康旅产业的可持续发展提供保障。二是康旅咨询服务，即为游客提供与康养旅游相关的咨询服务，包括康旅政策、康旅常识、康旅安全等。三是康旅导览服务，包括<u>养生文化</u>⑰讲解、保健交流等。四是<u>健康管理</u>⑱服务，即为游客在旅游过程中提供健康管理咨询服务，包括健康检查、疾病预防、日常养生等。

复习思考

1. 什么是康养、康养旅游、现代康旅产业？
2. 康养旅游的特征有哪些？
3. 现代康旅产业包括哪些类型？
4. 现代康旅产业系统构成包括哪些？
5. 如何提供优质的康旅服务？

第二章

现代康旅产业的认识与发展

学习目标

1. 理论学习目标

(1) 理解中西方对健康的主要认识

(2) 理解中西方对旅游的主要认识

(3) 掌握中国传统康养文化的智慧

(4) 掌握现代康旅产业的发展趋势

(5) 理解现代康旅产业的发展意义

2. 实践学习目标

(1) 举例讨论健康、养生、康养文化与旅游的关系

(2) 举例讨论中国传统康养文化的经典著作

(3) 举例讨论全球化给我国现代康旅产业带来的发展机遇

(4) 举例讨论现代康旅产业经营主体的多元化

(5) 举例讨论激发康旅消费市场潜力的措施

章前引言

　　由于中西方历史文化的差异，在不同的哲学思想指导下，中西方对康养和旅游的认识也存在着不同。特别是中西医对健康、养生的不同认识，使得中西方康养旅游的发展重心有所不同。如今，现代康旅产业朝着全球化、规范化、产业化和多元化方向发展，这对于我国助力中医文化振兴、满足银发市场需求、激发生态田园体验市场消费潜力、诠释健康中国和美丽中国、推动万物互联互通和跨界创新发展有着积极意义。

内容结构

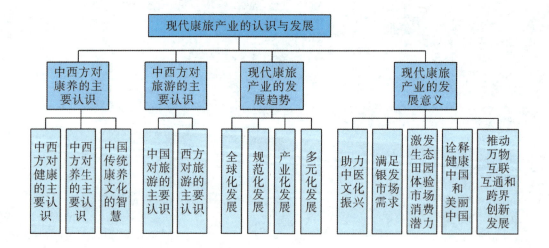

第一节 中西方对康养的主要认识

一、中西方对健康的主要认识

"健康"是一个合成的双音节词组，这两个字有不同的起源，含义也有较大的差别。"健"字，主要指形体健壮、强盛。"康"字，主要指内心坦荡、宁静。中西方对健康的认识可以从中西医对健康的不同理解上加以阐释。

（一）中西医对健康状态的评判标准不同

中医与西医在健康问题上的评判标准是不同的。中医的健康标准主要是个人的判断，是"精、气、神"的充足。所谓"生之本，本于阴阳""阴平阳秘，精神乃治；阴阳离决，精气乃绝"。中医认为健康的第一标准是人体的精气旺盛，精神健旺，而不依赖于"客观指标"。现今，人们的健康意识逐渐提高，定期检查身体情况的意识逐渐加强，这对重大疾病的防治起到了积极的作用，但是也存在"各项检查指标正常"的人突然病倒在其工作岗位上，或偶发"癌症晚期"等情况。中医学不重视检查数值是否正常，并不意味着不重视预防疾病；相反，中医学的健康观念是要人们时时刻刻关注健康状况，是"全天候"的"动态自我观测"。中医认为"六淫[19]、七情[20]"皆可致病，"饮食自倍，肠胃乃伤""久视伤血，久卧伤气，久坐伤肉，久立伤骨，久行伤筋"。因此，人体必须起居有常，饮食有节，心安不惧，不妄作劳，使形与神俱，正气存内。一旦六淫七情为患，"阳盛则阴病，阴盛则阳病"将失去健康，并且是"邪气[21]盛则实，精气夺则虚"，此时就需要调理治疗，以便重新恢复"以平为期""阴平阳秘"的健康状态。西医认为，人体的健康状况需要通过具体的数据来加以说明和衡量，即各项身体检查指标正常，或者大致在正常范围内。

（二）中西医对健康监测的认识重点不同

中医对健康监测的侧重点在长期的动态监测之中，注重状态转换的"状态健康观"，而不是依赖不出现病理和病灶的"形态健康观"。中医的"状态健康观"

强调，主动权掌握在每一个人手里，每一个人都可以根据"自我检测"，时刻提醒自己注意保持健康状态，把"精、气、神"养好。一旦出现"精、气、神"不足，或者"升降出入"失常的情况，就需要自我调整；自我调整无效的时候，就需要找中医帮忙，以便恢复自己的健康状态。因此，中医对健康监测的关键在于"扶正祛邪"。西医对健康监测强调对病灶和病理的监测，瞄准病灶即瞄准射击靶点，即可进行手术治疗，或者进行拮抗（一种物质被另一种物质所阻抑的现象）作用，阻断受体，或者补充缺乏的物质元素，大多是"拯救与被拯救"的预防与急救措施。

（三）中西医对健康理解的底层逻辑不同

中西医对健康有不同的理解，根本原因在于两者对健康理解的世界观和方法论各有不同，认知上的不同导致行为、处理方式的不同。具体而言，中医主张生成论，西医依靠构成论。一方面，主张生成论的中医认为，生命的生理状况、病理变化，一刻也离不开周围环境，强调把人体放在天地之间，认为人和万物是一个整体，并且特别注重精神与形体的统一。中医诊治疾病格外重视人的生存状态和周围环境，认为"精、气、神"是健康的标志。另一方面，依靠构成论的西医是从人体现有结构出发，来认识人的生理功能和疾病改变，认为各个系统、器官、组织、细胞不同，所以有不同的生理变化和病理过程。治疗疾病、维护健康，离不开维护结构、改造结构，借用的主要是手术和化学合成的药物。

中医擅长"内病外治"，主张"内外相关"，外邪可以伤内，外病可以内传，内病可以外显，内病可以在体表诊断，也可以在体表治疗，外治可以内效。因为生成论认为内外相关，表里如一。人体内在的脏腑，可以通过经络气血阴阳[22]，与体表的四肢百骸、五官九窍紧密联系在一起，治其外，而应于内。西医用药多是单靶点，各类化学药品分别被研制出来，有着单一的代谢途径，需要定性、定量地表示出来。

二、中西方对养生的主要认识

"养生"一词最早出现在战国时期庄子所著《庄子·养生主》之中："吾闻庖丁之言，得养生焉。"中国养生术语极为丰富，在古代典籍中出现的有道生、保生、寿世、摄生等。如老子在《道德经》[23]中有关于"善摄生者"的论述："盖闻善摄生者，路行不避兕虎，入军不被甲兵；兕无所投其角，虎无所措其爪，兵无所容其刃。夫何故？以其无死地焉。"这里的摄生亦即善于保护生命的人，摄生也是指养生的意思。在西方，养生一词在英文里没有与之相对应的词语，一般用保健类词语来代替，例如 keeping in good health 或 preserving one's health 等。

（一）中西方养生思想的差异

中国养生思想体系受先秦时期众多学术流派的影响，无论是儒家、道家、佛家，还是医家，都已自成养生文化体系。但各个学术流派的养生思想侧重点不同：儒家更崇尚心性修养，道家养生就重在"性命双修"，法家注重的是说理图新，墨家主张兼爱，阴阳家重在阐析医理和阴阳学说。儒家学说的经典著作《四书》[24]就包含极为丰富的修身养性、调养性情的养生思想，儒家代表人物孔子就是一位践行养生思想的大家。养生贵在养心，明代著名思想家王阳明在《传习录》[25]中提出"心外无物""致良知"的理念又是对《四书》中养生思想的传承与发展。道家的养生思想在春秋战国时期已较成熟，从老子到庄子及后来历代的道家弟子都有诸多关于养生的典籍论著，从最早论述心理卫生及精神养生的《管子·内业》到东晋初期著名的医药学家和炼丹术家葛洪所著的《抱朴子》[26]等。老子在《道德经·老子十九章》中提出"见素抱朴，少私寡欲"等顺应自然、虚静少欲的养生思想。老子认为人就应该与自然规律相适应，内心空明宁静，不被私欲迷惑才能健康长寿。庄子则以水作比喻，明确提出寓动于静、心无杂念、恬淡无为的养生思想。医家养生理论以《黄帝内经》[27]等为代表，《黄帝内经》是中国现存最早的医学典籍之一，汇集了战国以前众多医学著作的总结，书中系统地阐述了中医的养生学说，提出了四时养生、情志养生、运动养生的思想，记载了人们可以通过散步、导引、按跷、吐纳、冥想等运动方法，达到养生防病目的。到了东汉，著名医学家张仲景所著《伤寒杂病论》[28]也讲述了许多关于养生的要领，尤其注重驱寒养生。

西方爱琴海文明的古希腊时代（公元前 800 年至公元前 146 年）虽与中国春秋战国时期（公元前 770 年至公元前 221 年）华夏文明所处的时代相当，但西方养生思想却没能形成一个完整的体系。

西方养生缘起案例

　　西方最早记载的有关养生的文化内容是古希腊神话，古希腊神话中记载的太阳神阿波罗和塞萨利公主科洛尼斯的女儿阿克索是健康女神，她在希腊宗教中是主司卫生安全、医药治疗，很受人们的尊崇。她曾经杀死了一条出现在她手杖上的毒蛇，之后又出现一条毒蛇，口衔药草，使第一条死蛇得以复活，因这一情景使她顿悟成了健康女神。古希腊神话中还讲到埃及艳后克里奥佩德拉特别注重养生，不仅有专业的营养师照顾她的饮食起居，还命人为她从天然植物中提取精油用于护肤、饮用。

　　资料来源：高凤妹. 中西方养生文化差异比较分析 [J]. 河池学院学报，2017（1）：10.

　　中西方养生思想出现深邃与浅表的差异，主要是因为中西方养生思想形成的哲学基础不同。中西方在不同的历史文化背景下，形成的不同哲学理念与思维模式，直接导致中西方采用了不同的养生方式。

（二）中西方养生理念的差异

　　中西方在养生理念上的差异体现在"好静"与"好动"之中。中国养生理念推崇"静"养，以聚集能量作为其养生基础。《黄帝内经》中写道："静益寿，躁损寿"。老子认为"致虚极，守静笃"，其中的"虚"和"静"就是道的状态，老子又说"夫物芸芸，各复归其根。归根曰静，是谓复命"。万物只有回归根才是静，静才能回归生命，想要身心健康就要讲究静养。《庄子》中有着中国最早的养生理论，包括心斋、坐忘守一等概念，实质上就是要忘掉自己身体的存在，达到"无己"的静止状态。中国佛教中的打坐、参禅、吐纳、静坐等修心养生的锻炼方法也是静态的。中国一些养生方式都是以静为主基调，即便是动也是以绵缓运动为主，例如八段锦、五禽戏、太极拳等。虽然是动，心却要求是静的，《太极拳解》曰："身虽动，心贵静，气须敛，神宜舒。"这些都体现出中国的养生理念是爱惜精力，重视能量的储蓄。

　　西方人注重运动养生，古希腊著名的思想家、哲学家、教育家苏格拉底认为，"人的一切活动都离不开强健的身体和精神，只有强健的身体和精神才能完成他们需要做的事情"。他还强调运动能提高人体的免疫力，能增强食欲，改善睡眠，是良好的养生之道。西方人信奉著名思想家伏尔泰提出的"生命在于运动"的主张，以消耗能量后能量的恢复为其养生基础。西方人喜欢通过体育活动的形式来展示、挑战和超越自我。西方养生思想更注重个体生命对生命极限的挑战。

（三）中西方养生内容的差异

中西方养生在内容上的差异体现在中国人的养生内容丰富且重"形神并养"，而西方人更注重"形养"。中国人认为养生就是要保持身体和心理的最佳状态，认为养生不仅是指要活得长久，而且要活得有质量，活得快乐和幸福。中国人不仅把生命的健康当作目标，而且把提升生命的境界当作目标，强调身心合一的境界。所以，中国人养生偏爱"形神并养"。中国养生内容极为丰富，有神养、形养、术养、药养、食养、气养等，具体体现在注重调控个人行为，如饮食、起居、睡眠、性生活、环境居室卫生以及良好的生活习惯等，孔子提出"十不食"；《黄帝内经》提出要"顺四时而适寒暑"；孙思邈提出"先饥而食、先渴而饮"。中国人喜欢进食各种具有补养脏腑、气血的药物与食物，以强身健体，这叫药养。中国人还喜欢功法锻炼，以强身健体，这叫气养。中国人还利用按摩、推拿、针灸、沐浴、熨敷、器物刺激等疗法进行养生，这种中医养生疗法是中国独有的，叫术养。

中国人还重视神养，包括精神心理调养、道德品质调养等方面，尤其注重道德养生。例如，《大学》为我们树立了一个做人的目标，即要成为道德上的巨人、完人。要想达到这种境界，就要人人能正心、诚意，要知止，止在至善上面。正心就是要除去各种不安的情绪，使自己的内心纯正。内心纯正的人，身心都能拥有一种舒适与快乐。《道德经》中"上善若水。水善利万物而不争，处众人之所恶，故几于道"。这就是告知人们要随时随地拥有善良、宽容的心态。在这种心态下，人体的血液的流量和神经细胞的兴奋度才是最适宜身体健康的状态。

西方人讲养生最根本的目的是强身健体，通过运动和锻炼达到健康审美的"形养"。常见的运动和锻炼包括：跑步、跳绳、骑自行车、游泳、散步、爬楼梯、登山、健身操、打球等，以及去专门的健身房训练，例如仰卧起坐、俯卧撑等，以增强肌肉的力量，强身健体。

三、中国传统康养文化的智慧

中国人的传统康养文化注重人与自然的和谐统一，人具有主观能动性，在认识自然和改造自然的过程中应顺应自然规律，中国历代名医[20]主张人不能违背自然规律而肆意妄为，应做到天人合一、天人协调、天人相应，体悟人与自然的和谐共处。

（一）"天人合一"的智慧

"天人合一"阐释了人的身体健康与自然变化的关系，是指人文与自然的和合、人与天地万物和合的生存发展理念。中医学认为，人有自身的生命活动规律，与自然具有相通相应的关系。例如，《黄帝内经》中有"人与天地相参也，与日月相应也"，人昼夜的阴阳变化与自然是相应的。《素问·金匮真言论》所云："平旦至日中，天之阳，阳中之阳也；日中至黄昏，天之阳，阳中之阴也；合夜至鸡鸣，天之阴，阴中之阴也；鸡鸣至平旦，天之阴，阴中之阳也。"人生理的变化与四季变化也相对应，正所谓"春生、夏长、秋收、冬藏"。

《黄帝内经》天人合一记载及释义

记载：东风生于春，病在肝，俞在颈项；南风生于夏，病在心，俞在胸胁；西风生于秋，病在肺，俞在肩背；北风生于冬，病在肾，俞在腰股；中央为土，病在脾，俞在脊。

释义：东风生于春季，病多发生在肝，肝的经气输注于颈项。南风生于夏季，病多发生于心，心的经气输注于胸胁。西风生于秋季，病多发生在肺，肺的经气输注于肩背。北风生于冬季，病多发生在肾，肾的经气输注于腰股。长夏季节和中央的方位属于土，病多发生在脾，脾的经气输注于脊。

资料来源：《素问·金匮真言论》。

"天人合一"强调顺应周遭环境变化调养身心，无论是日月运行、地理环境还是四时气候，昼夜晨昏、各种变化都会对人的生理、病理产生影响。在这种思想指导下，中医学认为人类必须掌握和了解四时气候变化规律和不同自然环境的特点，顺应自然。正如《素问·四气调神大论》中提出的春夏秋冬的养生原则："夫四时阴阳者，万物之根本也，所以圣人春夏养阳，秋冬养阴，以从其根，故

与万物沉浮于生长之门。"如此，通常保持人与自然环境的协调统一，方能维持健康体魄。

（二）"形神合一"的智慧

"形神合一"是指人的身体和精气神合而为一，运行自如，其中，"形"与"神"是标志人的形体与精神之间相互关系的一对范畴。"形"是指躯体、身体；"神"是指精神、意识、思维。从生命起源来看，是"形"具而"神"生，即先有生命、形体，然后才有心理活动的产生。中医学提出的"形神合一"正是强调形与神的密切联系。"形"是神的物质基础，"神"是形的机能和作用。"形"与"神"始终相互依存，相互为用。正如明代医学家张景岳在注解《素问·八正神明论》中所言："形者神之质，神者形之用，无形则神无以生，无神则形无以活。"只有当人的身体与精神紧密地结合在一起，即形与神俱、形神合一，达到形神共建的状态，才能更好地维持和促进身体健康的状态。

（三）"和谐文化"的智慧

这里的"和谐文化"是指使人身心相协调的康养文化。"和"是中国传统文化中的哲学思想，属于儒家思想的重要范畴，是儒家的世界观和方法论。《黄帝内经》关于"和"的智慧可解读为"气血和""志意和""寒温和"等方面。诚如《灵枢·本藏》所说："是故血和则经脉流行，营复阴阳，筋骨劲强，关节清利矣；卫气和则分肉解利，皮肤调柔，腠理致密矣；志意和则精神专直，魂魄不散，悔怒不起，五脏不受邪矣；寒温和则六腑化谷，风痹不作，经脉通利，肢节得安矣，此人之常平也。"这里的一个"和"字描述了人体各个方面的和谐状态。其中，"血和""卫气和"，可概括为气血运行和畅；"志意和"，可理解为精神情志活动的正常；"寒温和"，指机体能更好地适应外界环境。这几句话概括了和谐即健康的本质，健康就是维护人与自然，心与身、气与血的和谐（宋品睿，2021）。"和"的智慧观与世界卫生组织提出的"健康"这一概念不谋而合，即在躯体、精神、心理和社会适应性等方面的协调、适应。

（四）"阴平阳秘"的智慧

中医学认为"阴平阳秘"就是健康，例如《素问·生气通天论》曰："阴平阳秘，精神乃治；阴阳离决，精气乃绝。"这是中医学用阴阳学说对人生理想状态的概括。"阴平阳秘"为阴气平和，阳气固密，是人健康状态的表征，反映了阴与阳的相互关系，是阴阳关系的最佳状态。阴阳之间既各自处于正常状态，也具有相互协调、配合关系。如此，则身体健康，精神愉快。"阴平阳秘"反映了人的有序稳态，是人的生命活动中物质、能量的平衡与非平衡的全部复杂情况的体现，阴阳之间的关系遭到了破坏，就会导致"孤阴不生，独阳不长"甚至"阴阳离决，精气乃绝"。有的学者认为"阴平阳秘"作为人的健康状态，体现在生命活动的不同方面和不同层次，如酸碱平衡、血糖平衡、代谢平衡等。此外，"阴平阳秘"还体现在人体活动的一种有序稳态上，这类似于现代科学所指的"内稳态"。"内稳态"是指人体在生理上保持平衡状态的倾向，如人体的体温、血压、血液的酸碱度、血糖浓度等均为"内稳态"所调控。

第二节　中西方对旅游的主要认识

中西方文化不同，造成对旅游的认识存在差异，且中西方对旅游的认识都随时间的推移发生显著的变化。

一、中国对旅游的主要认识

在古代、近代和现代三个时期，中国对旅游有着不同的认识。古代中国开始于我国境内人类的产生，结束于 1840 年的鸦片战争爆发前夕。近代中国开始于 1840 年的鸦片战争，结束于 1949 年新中国成立前。现代中国开始于 1949 年新中国成立。

（一）古代中国对旅游的认识

古代中国对旅游的认识，一直延续着对寄情于山水间赏景怡情的需求，不同时代的特征赋予了旅游不同的含义。南朝时期，旅游可以使人们逃避战乱；隋唐时期，旅游成为赞美祖国大好河山的载体；宋朝时期，旅游又增添寓情于理的特色。中国古代对旅游的认识随着时代的变迁，展现出不同时代的不同特色，成为近代中国旅游不断发展进步的重要基石。

南朝时期被认为是中国旅游诞生的时期。420—589 年，南朝延续了东晋寄情于山水的文化，这时期的"旅游"较多地体现了赏景怡情愉悦意味。旅游者往往在游览祖国的大好河山中排遣政治抱负不能实现的愤懑，追求赏景的审美快感，激发愉悦心情。

隋唐时期，旅游成为文人墨客的一种重要生活方式。唐代大诗人李白，一生游历祖国大好河山，写下了诸多脍炙人口的山水诗篇，如《梦游天姥吟留别》《望庐山瀑布》《早发白帝城》《望天门山》等，旅游不再是排遣政治欲望得不到满足的"消遣"，而成为抒发好心情、歌颂祖国大好河山的重要载体。

从宋代开始，旅游除继承南朝以来寄情于山水、赏景怡情的认识外，还增添了融情入理的新思想。宋代理学思想发展进入高潮，朱熹等一批理学大家将旅游中的景融入理中，为旅游的发展开辟了新道路。

朱熹的哲理旅游诗《春日》

春日

宋·朱熹

胜日寻芳泗水滨，无边光景一时新。

等闲识得东风面，万紫千红总是春。

《春日》是朱熹游春观感的作品，是一首极具抒情意味的哲理诗。"泗水"指孔门，"寻芳"指寻求圣人之道，"东风"指孔学，"万紫千红"指孔学的丰富多彩。诗人在百花烂漫的时刻游春赏春，于泗水之畔，悟出深刻哲理，东风吹呀吹，吹出万紫千红的春天，好比圣人之道在孔学的作用下在春日里呈现出勃勃生机。

资料来源：小谢诗词忆. 朱熹的四首哲理诗，每一首都那么意味深长，值得收藏[EB/OL]. (2022-11-10) [2023-12-10]. http://www.baijiahao.baidu.com/s? id = 1749099054434520221&wfr=spider&for=pc.

（二）近代中国对旅游的认识

近代中国人不再满足于欣赏祖国的大好河山，他们将旅游目的地瞄准欧洲、日本、美国等发达地区和国家。近代中国的旅行家王韬，曾在欧洲游学两年有余，在法国马赛、巴黎，英国伦敦都有其足迹；黄遵宪利用 4 年多时间游历日本众多城市，领略当地风土民情；旅美先驱容闳，通过自己的努力和朋友的帮助，在美国研学旅游。民国时期的赵尔谦认为，"旅行的真正目的，是使个人精神上、智识上、经验上、体质上得到无限的好处""旅行是人的一种基本需求"。

赵尔谦《我的旅行哲学》一文

《旅行杂志》第三卷第二号发表了由赵尔谦所著的《我的旅行哲学》一文，其从心理学的角度阐述了旅游存在的价值。他写道：

另外还有一种问题与旅行结下了不解之缘，那就是心理学。人生自幼至老无往而不为相对定律"La loied contrast"所管辖。譬如人之乐极生悲，欢喜听笑话，欢喜听怪事，种种是要与日常生活相反对处，现在二十世纪的世界，假使一个人能处一个地方，一年三百六十五日，一日二十四小时，始终不动，不去旅游，自甘为羲皇以上的人，那真正是不容易的事，而且是反乎人生的观念。人的性质是好动不好静，静极思动，动极思静，那是相对的，要去旅行，也就是这个道理。

可见，赵尔谦从心理学的角度提出了"旅游是人的一种基本需求"。在当时（1929年），他对旅游的见地无疑是深刻的。

资料来源：王淑良，张天来. 中国旅游史（下册）[M]. 北京：旅游教育出版社，2010.

近代中国人在游历异国他乡的奇妙景观的同时，参观、学习其先进科学文化知识已成为旅游的重要目的之一。他们通过旅游开阔眼界，并将所见所闻记录下来。例如，王韬通过游览卢浮宫、伦敦博物馆等旅游景点，切身感受西方文化并撰写《漫游随录》，对西方近代科学技术进行介绍。同时，他还访问牛津、爱丁堡等地的教育机构，深入了解西方科学技术，实现了真正的研学旅游。黄遵宪对日本在明治维新后发生的巨大变化进行了详细的考察，结交日本朋友，欣赏当地美景，在此期间写下了《日本国志》，对近代学术界了解明治维新后日本的邻交、学术、礼俗等都大有裨益。容闳在旅美求学过程中对美国的风物和文明有了更加客观的认识并拓宽了自己的视野。从1930年夏至1937年，中国旅行家潘德明的足迹遍及非洲、大洋洲、南美洲。

另外，参与旅游的群体多样化、大众化，是近代中国人对旅游认识的又一重大发展。旅游者的队伍不断发展壮大，社会各界争相组团参加旅游，青年学生在假期结伴出游，实现"读万卷书，行万里路"的想法，加深对社会、人生、知识的理解。在民国时期，金陵大学植物系就组织植物标本采集旅行团，去往华山和终南山，一路上游览了众多人文自然景观，旅游群体向大众化延伸。

王韬与《漫游随录》

王韬（1828—1897）原名王利宾，因上书太平天国被发现，遭通缉后改名韬，字子潜，号仲弢，晚年自号天南遁叟，江苏甫里人。中国近代著名的政论家、文学家。他于1867—1870年出游欧洲，其间边游历边学习，写下了《漫游随录》一书。

《漫游随录》全书共3卷，51篇，书中有较多篇目涉及作者旅欧研学经历，卷二《巴黎胜概》中描述了当时法国藏书数量颇丰，其中还包含中国典籍3万册，令作者大开眼界。卷二《风俗类志》中描述英格兰人重视识文断字，"童稚之年入塾受业，至壮而经营四方，故虽贱工粗役，率多知书识字"，有别于近代中国。卷三《游押巴颠》中描述了苏格兰押巴颠（现名为阿伯丁）的自然风光和人文风情，完全异于当时的中国，使人开阔眼界。

资料来源：王韬. 漫游随录［M］. 北京：社会科学文献出版社，2007.

黄遵宪与《日本国志》

黄遵宪（1848—1905），字公度，别号人境庐主人，广东嘉应州（今梅州市）人。黄遵宪在宦游日本期间，深入了解日本国情，写成了《日本国志》。

《日本国志》是中国人所写的第一本日本通志。它叙述了日本有史以来各方面的情况，尤其是"明治维新"后所发生的巨大变化，可以说是一部"明治维新史"。《日本国志》凡四十卷，系统介绍了日本天文（历法、纪年）、地理、国统（历史）等基本情况；邻交、职官、学术、食货、礼俗诸志更具时代价值。黄遵宪对日本的近代化有深刻的观察与分析，从中引出了不少可供借鉴的结论。

资料来源：王淑良，张天来 中国旅游史（下册）［M］. 北京：旅游教育出版社，2010.

（三）现代中国对旅游的认识

现代中国人对旅游的认识已经从简单的观光游览转变为一种综合性的休闲、文化、社交和自我提升的方式。例如，谢彦君认为旅游是个人利用其自由时间并以寻求愉悦为目的而在异地获得的一种短暂的休闲体验；杨振之认为旅游的本质是"人诗意地栖居"。现代中国对旅游的认识具体包括：一是认为旅游是一种休闲方式。随着生活水平的提高，越来越多的人开始将旅游作为一种休闲方式。人们希望通过旅游来放松身心，缓解工作压力，享受生活。二是认为旅游是一种文化体验。旅游不仅仅是观光游览，更是一种文化体验。现代中国人越来越希望通过旅游了解不同地域的历史、风俗和文化，拓宽自己的视野。三是旅游是一种社交活动。现代中国人非常注重人际关系和社交活动。人们希望通过旅游与家人、朋友一起度过愉快的时光，增进彼此的感情和交流。四是旅游是一种自我提升。现代中国人越来越注重自我提升和成长。他们希望通过旅游增长见识，提高自己的综合素质，为未来的发展打下基础。现代中国人在选择旅游目的地方面不仅仅只涉及欧洲、日本、美国等发达地区与国家，足迹还遍及非洲、大洋洲、南美洲，乃至于极地。2023 年中秋、国庆假期，经中国旅游研究院测算，国内旅游出游人数达 8.26 亿人次，旅游已成为一种大众体验生活的方式。

二、西方对旅游的主要认识

依据西方史时代划分的惯例并结合西方旅游发展历史的特征，本教材将西方旅游史大致划分为：一是古代旅行和旅游（1841 年以前）。这一时期，旅游的动机更多地与物质功利、宗教以及政治目的相联系。旅游活动往往与通商贸易、宗教旅行以及封建帝王的巡游活动相结合，其中，宗教朝圣占远行游历的较大比重。欧洲人的探险、考察旅行相对较多，但具有物质占有和殖民文化倾向。二是近代旅游（1841 年至 1945 年）。这一时期的特征包括旅游者人员构成的多层次，旅游动机中消遣娱乐成分增多，旅游活动空间不断拓展，旅游保障制度不断完善。旅游业产生了一定的关联带动效应。三是现代旅游（1945 年至今，即第二次世界大战[①]以后）。现代旅游的特征包括游客的大众性，即旅游者阶层的广泛性、参加旅游人数的规模性以及旅游活动的群体性。这标志着普通劳动阶层的人民也能积极参与社会活动。

（一）古代西方对旅游的认识

古代西方对旅游的基本认识是：虽然旅游的形式很多，但仍然以经济目的为基础，旅游的动机更多地与物质功利、宗教以及政治目的相联系。古代西方旅游项目包括宗教朝圣、商务贸易、探险、求学、休闲观光等。其中，宗教朝圣旅游需要扩大文化影响而带动国家经济发展；商务贸易旅游以商品交换为根本目的；

探险以发现新殖民地，掠夺资源为目标；研学为了学习知识而更好地适应将来的生活。这些形式的旅游仅仅是以上目的中的"片段"。当然，休闲观光是以"非经济性"为目的的旅游，但占古代西方旅游很少的一部分。因此，从本质上说，生产力发展还未能支撑起以"非经济性"为目的的大规模旅游，所以使得"经济性"成为古代西方旅游的基本目的。

古代西方的旅游者中虽以帝王、贵族等统治阶级为主，出现了像马可·波罗、利玛窦这样的旅行大家，但市民阶层，如作坊主、商人，尤其是有一定经济基础的市民，也参与旅游活动。此外，古代希腊早期从事商务旅行活动的大部分参与者都是没有政治权力的平民。中世纪后期的西欧，城市发展迅速，商品经济贸易由此进入了新的繁荣阶段，一部分有经济基础的市民，加入休闲旅游的行列，成为旅游业发展的重要基础。在具有海洋国家特性的希腊，海上贸易带动了商务旅游的发展，在城邦时期，各城邦间交易促使商贸交易频繁，进一步推动了这一时期的商务旅游。

马可·波罗[31] 与《马可·波罗游记》

马可·波罗（1254—1324），世界著名旅行家、商人，第一个游历中国及亚洲各国的意大利旅行家。他依据在中国十七年的见闻，讲述了令西方世界震惊的故事，他的狱友将马可·波罗的见闻记录下来，最终整理成一部著作——《马可·波罗游记》。《马可·波罗游记》是人类史上西方人感知东方的第一部著作，它向整个欧洲打开了神秘的东方之门。

《马可·波罗行纪》共分四卷，第一卷记载了马可·波罗诸人东游沿途见闻，直至上都。第二卷记载了元世祖忽必烈及其宫殿、都城、朝廷、政府、节庆、游猎等事；自大都南行至杭州、福州、泉州及东地沿岸及诸海诸洲等事。第三卷记载了日本、越南、印度、印度洋沿岸及诸岛屿、非洲东部；第四卷记载了成吉思汗后裔诸鞑靼宗王的战争和亚洲北部。每卷分章，每章叙述一地的情况或一件史事，共有229章。书中记述的国家、城市的地名达100多个，而这些地方的情况，综合起来，有山川地形、物产、气候、商贾贸易、居民、宗教信仰、风俗习惯等，乃至国家的琐闻轶事，朝章国故也时时夹见其中。

（二）近代西方对旅游的认识

近代西方旅游方式的变化受益于两次工业革命的成果。第一次工业革命产生了蒸汽机^③，使得古代旅游交通工具从以畜力为主升级为以蒸汽动力为主，由此产生了轮船、火车等方便出行的交通工具，使得游客可以到更远的地方旅行。显然，没有火车就不可能有托马斯·库克采用租用火车的方式组织旅游团参加禁酒大会，就不可能发生旅游发展史上这一标志性事件。第二次工业革命以电力、内燃机、电信技术为主，带动电气、石油、通信工业发展，从而产生汽车、电动力火车、飞机等交通工具，实现了旅游活动在距离和空间上的跨越。

19世纪中期，托马斯·库克创办了世界上第一家旅行社——托马斯·库克旅行社（即现今的托马斯库克集团，中国官方授权的品牌名为"托迈酷客"），标志着近代旅游业的诞生。19世纪下半叶，在托马斯·库克本人的倡导和其成功的旅游业务的鼓舞下，首先在欧洲成立了一些类似于旅行社的组织，使旅游成为世界上一项较为广泛的经济活动。

近代西方经历了两次工业革命，生产力水平有了较大提升，相对提高了西方民众的经济实力，旅游者人数增长迅速。工业化进程中，由于无产阶级与资产阶级斗争，无产阶级要求的"八小时工作制"在长期的斗争中确立了下来，所以有了更多的闲暇时间用于休闲、放松心情。旅游者在此时期得到了大幅度增加，主要包括：到就近山地风景区和滨海胜地短暂旅游的中产阶级，有较多金钱和时间到异国旅游的中上层人物和伴随着对外殖民侵略和扩张到国外的部分人。

旅游观念的变化，使西方民众将旅游活动的目的向"非经济性"转变。相较于古代西方旅游，近代西方旅游目的已从"经济性"向"非经济性"转变，这是近代西方对旅游认识最重要转向之一。经历可怕的"黑死病㉟"后，越来越多的西方民众开始重视健康养身，从古代西方就已初具规模的"洗澡旅游"渐渐发展为"温泉旅游"，旅游的休闲养身功能进一步展现。同时，旅游途中的美丽景色吸引着越来越多的人暂时放下繁重的工作，修养身心。近代西方旅游完全摆脱了古代西方旅游"经济性"占主导地位的特征，体现出旅游活动的"非经济性"特征。

（三）现代西方对旅游的认识

1. 旅游产业有效支撑旅游活动的开展

与近代西方旅游相比较，现代西方旅游产生了真正意义上的旅游产业，不仅包括旅游过程中用于满足游客食、住、行、游、购、娱需求的景区游览业、住宿餐饮业、旅行社业、旅游交通业、旅游购物娱乐业等产业，而且还涉及旅游正式与非正式组织、旅游研究机构和规划开发旅游目的地机构等支撑性、服务性组织。同时，旅游业还与一些休闲文化产业相融合，形成独特竞争优势的产业（如文旅融合产业）。如此庞大的旅游产业体系依托于现代西方经济，同时也是其重要的组成部分，不断满足人们个性化、自由化的新需求，这是近代西方旅游不可能达到的高度，是现代西方旅游最显著的特征之一。

2. 科学技术发展减少出游的地域限制

相较于近代，现代西方旅游范围持续扩大，洲际旅游、太空旅游已成为现实。虽然第二次世界大战前飞机、电动力火车等快速方便的交通工具已经诞生，但经历第三次产业革命后，太空技术得到了空前的发展，喷气式飞机、磁悬浮列车等现代交通工具对西方旅游范围的拓展起到了巨大的推动作用。

3. 人人拥有旅游权益促进了大众旅游

自"旅游是人的基本需求之一"的观念被西方国家认可后，各国为大力发展旅游业并促进经济繁荣，纷纷采取政策来保障国民旅游的权益，西方发达国家在第二次世界大战后实施带薪休假制度，使得旅游活动受益人群迅速扩大。对于暂时还未有条件度假旅游的底层大众，部分西方国家采取由国家、地方政府、工作单位、工会组织等资助或补助的方式，组织大众外出旅游，旅游人口持续增多，使得"大众旅游"成为现代西方旅游的一个重要特征。

> **名词解释：大众旅游**
>
> 大众旅游首先是指旅游活动参加者的范围已扩展到普通的劳动大众。大众旅游的另外一层含义则是现代旅游活动开始形成以有组织的团体包价旅游为代表的大众型旅游模式，并且成为广大民众中占支配地位的旅游形式。大众旅游，主要是指旅游者在旅行社的组织和安排下，借助各类旅游企业提供产品和服务，按照规定的时间、线路和活动的内容，有计划地完成全程旅游活动。

4. 个性化和自由化旅游体验倾向突出

20世纪90年代起，旅游个性化、自由化的趋向越来越明显。个性化旅游体验是指旅游者可以根据自己的兴趣、需求和偏好，选择适合自己的旅游产品和服务。这种体验方式强调旅游者的主观感受和个性化需求，旅游企业可以根据旅游者的需求提供定制化的旅游产品和服务，以满足旅游者的个性化需求。自由化旅游体验是指旅游者可以自由选择旅游的时间、地点、方式等，不再受到传统旅游行程的限制。这种体验方式强调旅游者的自主性和自由度，旅游者可以根据自己的喜好和兴趣，自由安排行程，不再受到传统旅行社的限制。如今，随着互联网和移动支付技术的发展，个性化旅游和自由化旅游已经成为可能。旅游者可以通过互联网查询旅游信息、预订机票酒店、购买门票等，不再需要依赖传统的旅行社或中介机构。同时，移动支付技术的发展也为旅游者提供了更加便捷的支付方式，进一步推动了个性化旅游和自由化旅游的发展。

第三节　现代康旅产业的发展趋势

一、全球化发展

2018 *Global Wellness Tourism Economy* 中提出了一个议题："旅游并不总是与健康相容，但这种情况正在改变"。而这一议题正是源于哥伦比亚大学对商务旅行者的一项研究，研究发现：频繁和广泛地旅行所经历的交通压力、时差、睡眠质量差和暴饮暴食暴晒等问题可能会增加诸如肥胖、高血压、高胆固醇等疾病发生的风险。事实上，这与人们的惯常认知有所偏差，因为很多人都把旅行当成一次冒险、一次恢复活力和减压的机会。康养旅游在全球行业中是一个相对较新的细分市场。世界各地依托其资源禀赋、地域条件和历史条件，形成了各具特色的康养旅游市场，例如德国、美国、日本、泰国®等模式。

> **德国模式**
>
> 德国是世界上发展康养产业最早的国家，并把康养旅游作为基本国策。德国康养旅游规划一直走在世界的最前列，并不断对康养旅游体系建设进行大规模投入，主要包括国家自然景观康养旅游资源体系、特色岛屿康养旅游资源体系两条主线，以及气候运动康养疗法和气候治疗区、洞穴氢疗康养法和健康矿山区、综合康养法和温泉运动综合度假区、水疗康养法和矿泉温泉度假区、泥疗康养法和泥浆沼泽温泉度假区、海水浴康养法和海滨康养度假区六大板块和易北河波罗的海沿岸、赫尔曼高地等多条自行车、徒步线路。德国公民到国家自然景观公园的开销可列入公费医疗的范围。同时，德国硬性要求公务员进行康养旅游。德国在大规模推行康养旅游项目后，将医疗、养老、养生、旅游等要素不断融合，使得其国家健康水平不断提升，国家医疗费用总支出锐减30%。

美国模式

美国最具代表性的康养地区是美国太阳城，其实质上是一座"退休疗养之都"，专供退休老年人居住和度假。太阳城气候条件优越，阳光充足，适合老年人居住。城区除了有几所专为老人服务的综合性医院，还有数百家专科医疗诊所，疗养院更是数不胜数，可以满足各类条件和需求的老年人养老。除此之外，太阳城还配有各类活动设施，如高尔夫球场、游泳池、健身娱乐中心、俱乐部等，服务人员多由老年志愿者来担任。

日本模式

20世纪中期，康复医学的概念在美国和欧洲国家提出，作业治疗、言语治疗、假肢矫形技术与康复工程快速发展。第二次世界大战之后，为更好地服务伤残军人，日本从美国引入了新兴的物理医学技术，在医院设置了理学诊疗科，以西方物理医学为核心的理学诊疗法在日本延续至今。从此，经过70多年的发展，日本已经探索出一条具有日本特色的康复路径。日本在养老体系上经历了长期的发展，在居家养老服务体系建设方面，积累了丰富的经验。在日本，社区具备强大的助老功能，使得老人能内安其心、外安其身，实现"安养、乐活、善终"的老年生活目标。日本的养老产业已较为成熟，日本政府提出了"黄金计划"，旨在打造一个可以为老年人和残疾人提供丰富又健康生活的经济和社会环境。此外，日本不断对高科技健康辅助器具进行大规模研发投入，"智慧管家"、智能机器人、智能轮椅等各种人工智能产品大量投入使用。

泰国模式

泰国以泰式药浴为主导，倡导身、心、灵三位一体，以组合式养生为特色，涉及各种疗法以及健身计划。当然，最为著名的还是药浴文化，当地人利用其丰富的草药资源，把草药调制成配方，用以药浴或直接涂抹在身上，进而达到治愈身体疾病和促进身心健康的目的。泰国政府从2004年起就执行了长达五年的发展计划，大力参与并支持以医疗服务、健康保健服务和传统草药产业为核心的康养产业的发展，致力于使泰国成为亚洲的健康旅游中心。

二、规范化发展

（一）康养旅游政策支持不断加强

随着人们对美好生活需要的日益增长，康养旅游服务已由从无到有、从少到多的数量需求阶段，转变为从有到优、从量到质的质量需求阶段。特别是当今新基建⑦的发展，有利于扩大数字时代康养旅游产品的优质供给，更好地满足人民群众美好生活需要，同时促进康养文化和旅游产业的深度融合发展。为此，我国不断完善康养旅游的顶层设计，从政策支持、品牌创建、宣传推广等方面大力促进康养旅游的发展，引导社会资本⑧加大投入力度，通过提升服务品质、增加服务供给，不断释放潜在消费动能。

政策文本

· 党的十九届五中全会提出"实施积极应对人口老龄化国家战略"。

· 《中华人民共和国国民经济和社会发展第十四个五年规划和2035年远景目标纲要》提出："构建居家社区机构相协调、医养康养相结合的养老服务体系。"

· 《"十四五"旅游业发展规划》提出："推进旅游与科技、教育、交通、体育、工业、农业、林草、卫生健康、中医药等领域相加相融、协同发展，延伸产业链、创造新价值、催生新业态，形成多产业融合发展新局面。"

· 《"十四五"文化和旅游发展规划》提出："发展康养旅游，推动国家康养旅游示范基地建设。"

资料来源：中华人民共和国国家发展和改革委员会、中华人民共和国文化和旅游部、国家移民管理局等官方网站。

（二）康养旅游产品体系不断完善

国内康养旅游供给侧产品开发，经历了由自由开发到政策驱动，再到市场主导的过程。我国通过积极推进康养旅游产业与健康、养老、体育等特色产业联动发展，不断完善和创新康养旅游产品体系，致力于形成具有核心吸引力的康养旅游供给侧产品体系，大致包括：一是中医药康养旅游产品，当前中国正在推进"药、医、养、游"融合发展，加大地道药材、原产地药材保护力度，鼓励药食同源产品和保健食品用品的生产研发。二是温泉康养旅游产品，将温泉度假的发展融入健康管理理念，营造温泉康养浓厚氛围，科学适度发展温泉康养地产，丰富温泉康养旅游产业体系。三是森林康养旅游产品，依托国内独特的森林资源及环境，合理利用森林生态资源、森林康养旅游资源，同时将森林游憩、户外体验、科普宣教引入森林康养建设体系。四是文化康养旅游产品。文化和旅游深度融合的要求正在积极助推康养产业与文化产业的融合发展，将文化体验、健康疗养、生态旅游⑨、田园农耕、体育文化、健康产品等业态聚合起来，实现文化与健康相关消费聚集的同时，亦有助于创新康养旅游产品业态。五是运动康养旅游产品。2022 年北京冬奥会的召开再一次激发了全民运动的热潮，我国正积极支持体育旅游、户外运动、电子竞技等新兴产业发展，培养"康养+运动"产业市场，以地方传统特色体育项目为切入点，打造品牌运动康养赛事活动。

（三）康养旅游跨界融合步伐不断加快

康养旅游有着与多元产业跨界融合的巨大潜力和发展空间。康养旅游发展所需的自然生态资源、民族文化资源和地域文化资源，以及日趋完善的交通条件和国家和地方政策的扶持，都为其跨界融合带来新的机遇。康养旅游产业跨界融合是康养服务、康养运动、健康管理等健康服务产业与旅游产业之间的相互渗透、交叉，或者旅游与农业、文化、教育和医疗等有关康养要素的产业之间的交叉融合。例如，将生态康养旅游与服务业结合，打造"中医康养""森林康养""旅居康养"等模式；将康养旅游与特色农业相结合，打造乡村特色康养小镇⑩；将康养旅游与多元产业结合，实现康养旅游跨一、二、三产业⑪的多元产业模式，全面带动经济发展。未来，随着人们对健康、高品质生活需求的不断增加，康养旅游产业跨界融合步伐将不断加快。

三、产业化发展

（一）康旅产业化的历程

1. 养生旅游产业初步兴起（2002—2012 年）

欧美国家的康旅发展历程时间早、产业发展较为成熟。中国康旅产业最早以"养生旅游⑫"的形式在海南三亚旅游中出现，主要依托海滨资源发展旅游业，后以"保健康复"为核心于浙江、江西、安徽、山东等地出现了较好的发展态势。在此过程中，各类养生旅游活动论坛与养生旅游产品频繁出现于市场并得到消费者的喜爱，但该阶段市场发展不成熟、产品质量参差不齐。

2. 康养产业驱动旅游业发展（2013—2015 年）

康养产业作为新的旅游吸引物，推动了康养旅游的发展。2012 年，攀枝花率先提出发展"康养旅游"，建设"中国阳光康养旅游城"，并编写了《中国阳光康养旅游城市发展规划（2012—2020）》，标志着国内康养旅游开始步入正轨。2013 年，《国务院关于加快养老服务业发展的若干意见》发布，指出要大力发展养老服务业。同年，国务院发布《关于促进健康服务业发展的若干意见》，提出大力发展医疗服务，加快发展健康养老服务。这一系列政策加快了养老所需的康养产业的发展，也为康旅产业提供了广阔的市场。

3. 康养主题旅游日益兴盛（2016—2023 年）

2016 年，《国家康养旅游示范基地标准》和《"健康中国 2030"规划纲要》[13]发布，"健康中国"上升为国家战略，大健康产业成为经济发展新引擎，中医药文化、民俗文化、宗教禅修等养生形式陆续兴起，围绕康养主题的各种旅游形式逐步被人们认可。2017 年，《关于促进健康旅游发展的指导意见》发布，进一步推动了康旅产业的发展。新型冠状病毒感染疫情（以下简称"新冠疫情"）后，人们增加了对医疗、养老、环保、健身、养生等与健康产业相关的需求，同时也进一步激发了人们对高质量旅游体验的渴望，这为发展康旅产业奠定了坚实的消费基础。

政策文本

2016 年，《"健康中国 2030"规划纲要》强调："推进健康中国建设，是全面建成小康社会、基本实现社会主义现代化的重要基础，是全面提升中华民族健康素质、实现人民健康与经济社会协调发展的国家战略，是积极参与全球健康治理、履行 2030 年可持续发展议程国际承诺的重大举措。"

2017 年，《关于促进健康旅游发展的指导意见》提出："依托各地自然、人文、生态、区位等特色资源和重要旅游目的地，以医疗机构、健康管理机构、康复护理机构和休闲疗养机构等为载体，重点开发高端医疗、特色专科、中医保健、康复疗养、医养结合等系列产品，打造健康旅游产业链。"

资料来源：中华人民共和国中央人民政府、国家卫生健康委员会等官方网站。

（二）康旅产业化的动能

1. 养老驱动型发展模式

养老驱动型发展模式就是依托区域良好的环境资源，以拥有一定经济实力的老年群体为主体，通过养老社区与城镇社区等平台，将医疗、气候、生态、康复、休闲等多种元素融入养老产业，发展康复疗养、旅居养老、休闲度假型"候鸟"养老、老年体育、老年教育、老年文化活动等业态，打造集养老居住、养老配套、养老服务于一体的综合性项目，带动护理、餐饮、老年用品、医药、旅游、教育等多产业共同发展。

海南"候鸟"老年康养

海南作为冬季的热门旅游城市，把握住近年来的康旅热点，着力打造"候鸟型"康养模式。"候鸟型"康养模式，即老人随着季节变化，选择不同的地方旅游养老。近年来，海南一些社区、康养公寓"候鸟型"特征日益明显。在康养等需求推动下，越来越多的"候鸟老人"来到海南过冬。此类康旅模式一经实施就得到了许多消费者的喜爱。为了满足流动老年人群的生活及养老需求，机构、社区、街道等都在调整设施配套，并提供各种有针对性的服务。海口市有不少长者食堂，以往主要面向辖区里的生活困难老人开放。而现在，这些食堂也成了"候鸟老人"用餐和活动的场所。

此外，在琼海市博鳌亚洲湾，海南卡森养老服务有限公司推出"华龄智·惠+"全新康养模式的社区服务，旨在以智能化高科技手段为基础，提供多学科、多目标的综合性照护服务，还为身体健康的老人提供岛内自驾游、游艇海钓、海景星空摄影、浮潜和水肺潜水等户外体验项目。

资料来源：黄慧. "候鸟式"异地养老群体的养老质量研究：基于三亚市的个案分析[J]. 特区经济，2020（4）：3.

---

2. 养生驱动型发展模式

随着人口结构老龄化进程的加快以及全球整体健康理念的革命性转变，人们对健康养生的需求成为又一市场主流趋势和时代发展热点。养生驱动型发展模式就是将养生资源与旅游活动融为一体，以一种新型业态的形式出现，满足了人们对身心健康的全方位需求，包括森林康养、水体康养、美食康养、四季康养等发展模式。

湖南灰汤温泉康养

湖南灰汤温泉为中国三大高温复合温泉之一，年平均气温16.2~17.6℃。灰汤温泉属高温碱性，含有对人体有益的29种微量元素，素有"天然药泉"之称。灰汤温泉具有消炎、镇静、改善心血管功能等药物无法替代的神奇功效，对血液循环、神经系统的多种慢性疾病具有独特的疗效。灰汤镇以优质生态条件为基础，以温泉水文化为灵魂，围绕"温泉康养、会议会务、体育小镇"的总体定位，高效高质打造特色小镇，先后建成灰汤温泉职工疗养院、金太阳现代休闲农庄、紫龙湾温泉酒店、华天城等多座以温泉为主题的山庄和酒店，成为全国游客尤其是泡汤爱好者的休闲康养胜地。

灰汤镇抓住游客对旅游与养生的双重需求，打造了民宿小集群。此外，灰汤镇还相继招商建设雅居乐依云小镇，扩建灰汤温泉职工疗养院，打造"灰汤·相里"湖南印象民俗休验村和养心大夫第博物馆温泉民宿等重点项目，进一步完善了灰汤镇的康旅产业，构建起康养小镇的初步框架。

资料来源：贺小荣，张明雪，秦俊娜. 温泉康养旅游体验质量评测与提升策略研究：以宁乡灰汤温泉为例 [J]. 洛阳师范学院学报，2022，41（6）：32-37.

3. 医药驱动型发展模式

医药驱动型发展模式就是游客根据自己的康复需求选择合适的游览区，在旅游过程中进行康复治疗，加强对健康管理的发展模式。医疗驱动型发展模式的服务内容侧重于医疗诊疗项目，在旅游目的地或旅居地进行治疗，同时结合当地特色旅游项目提高治疗效果，包括医疗旅游、中医药健康旅游、保健旅游等。

黑龙江省勃利县元明村打造寒地中草药小镇

黑龙江省各地区打造集中医养生保健、中药材种植、乡村采摘、药膳养生、科普宣传等于一体的中医药特色小镇。勃利县元明村积极推动"中医药+康旅"发展模式，共有耕地10 700亩（1亩≈666.7平方米，下同），全部进行统一流转，用于种植中草药。2023年，元明村已完成高标准药田基地内道路硬化、水电配套等设施工程，种植了刺五加、黄芩、黄芪等40余种中草药，建成了勃利县万亩寒地中草药种子种苗繁育基地。此外，勃利县依托优越的自然生态环境、丰富的森林资源基底、北药资源、中医主题、北国风情文化，打造中医药、康养旅游两大主题；打造中草药生产加工、中草药产品开发、特色民宿、药浴温泉、中医药文化传承、观赏、展览、体验、游乐、特色种植（养殖）十大项目板块；完成村庄风貌整治、旅游公共服务提升、小镇智慧服务建设三大专题配套支撑项目的小镇旅游项目系统。

资料来源：杨金一．黑龙江省中医药康养旅游特色小镇发展研究：以勃利县元明村为例［J］．商展经济，2023（3）：45-47.

4. 文化驱动型发展模式

文化驱动型发展模式是指以康养文化为旅游吸引物，特别是以少数民族特色康养文化来打造康养旅游体验项目或产品的发展模式。文化驱动型发展模式依托不同民族养生文化资源，吸引游客学习体验少数民族特色康养方式，在旅游过程中达到调养身体、改善亚健康状态、放松身心的目的，包括民族药膳、民族药浴、民族养生等。

贵州苗侗瑶文化康旅

贵州作为少数民族聚集地，多样的少数民族文化带来了丰富的民族康养旅游资源。贵州凯里结合当地苗侗文化，打造康养旅游胜地，丰富康旅产品体系；依托苗药底蕴和中药资源，围绕"建院、办厂、开馆"设立苗侗瑶医药研究所、苗侗瑶医药制室等一批民医馆，设计"健康文化村苗侗康养三日游"以及"黔东南苗族侗族自治州游泳馆苗岭养心七日游"等旅游线路，并在各旅行社、酒店等推广宣传，促进全市康旅产业发展；在着力发展康养旅游的同时，也宣传了少数民族文化并实现经济创收。

资料来源：凯里市人民政府网。

（三）康旅产业化的态势

1. 康旅产业加速融合发展

康养产业和旅游产业在融合发展的过程中，在不同的环境下呈现出不同产业融合的特点。例如，在农村发展康旅，结合当地农业，演变为集休闲农业、康养农业、体验农业于一体的乡村旅游^①产业，通过更加系统化、科学化的规划和产品设计，提升康养地的整体品牌呈现力。康养产业与市场相衔接，还可以和加工制造业、工业融合，发展特色康养线路。康养产业在旅游城市中则体现出与科技的融合，如智能化大数据推动康旅产业发展。在康养大健康的发展格局之下，可以将康养和旅游相结合，打破产业边界、技术边界、市场边界甚至是区域边界，最终促进区域经济一体化发展，促进产业融合。

2. 康旅产业推动新兴产业发展

如今，人们十分关心在旅游体验中享受到绿色低碳和健康环保的优质体验服务，这给康旅产业的融合与创新，以及产业链的跨界、转型与升级提出了新的要求。这个新的要求促使康旅产业的发展，需要与节能环保、生物产业、新能源、新材料等新兴产业进行深度融合，来构建现代康旅产业发展所需的硬件与软件体系。

3. 康旅产业激活创新潜力

康旅产业创新潜力主要包括产品业态原始创新和产业要素组合创新，即在通过大数据[15]赋能康旅产业新产品和新业态开发的同时，保持区域康旅产业的领先优势，并从理论和实践中来定义康养旅游产品的业态，引领发展方向。例如，通过各地不同康养旅游实践定义国际医疗中心、健康管理中心、康养旅游服务中心、城市康养生活圈等行业独有的新场景、新产品和新业态。

四、多元化发展

（一）经营主体多元化

随着康旅产业发展规模不断扩大，康旅产业在国内呈现出蓬勃发展的态势。早期的康养旅游产品多以"养老"为卖点，参与者主要是"市场嗅觉灵敏"的房地产公司。它们凭借丰富的运作经验，快速切入养老地产开发，打造高端养老社区。进入产业发展中期，金融行业、医疗保健行业、信息技术行业、移动消费行业等领域的企业也加入康养旅游市场。除企业外，当下康养旅游形式也以"天然景观+民宿"的形式呈现，因此田园乡村也成为康旅产业的常见选择，村民可以利用自家住宅或宅基地，经营康养民宿。

（二）产业多元化

康养旅游产品组合正由满足短期、周期性度假需求的单体度假区，向多重相关产业聚集的特色小镇和产城融合型康养旅游城转变。单一市场主体或被"术业有专攻"的联合体所取代。而消费群体、市场需求、关联产业、资源禀赋和地形地貌的不同，又衍生出不同的康养产业类型。新冠疫情后，康养旅游向"大健康"及"大养生"进行融合，大健康产业步入新一轮快速增长时期，康养旅游拥有良好的市场环境，并在国内迅速发展。因此，康养旅游所包括的产业逐步从康养产业向餐饮业、接待业[16]、交通业、娱乐业、零售业等多元化产业进行深度融合发展。

长寿之乡[17]——巴马

巴马瑶族自治县位于广西壮族自治区西北部，西及西南邻百色市的凌云县、右江区、田阳区、田东县、平果市，东接本市大化瑶族自治县，北与本市东兰县、凤山县交界。巴马地势西北高，东南低，境内山多地少，素有"八山一水一分田"之称。据第二次到第五次全国人口普查，巴马百岁以上寿星占人口的比例之高，位居世界五个长寿区之首。因此，巴马被誉为"世界长寿之乡·中国人瑞圣地"。据巴马瑶族自治县人民政府介绍，造就巴马长寿现象的外部环境因素是地磁、空气、水、阳光、食物。地球的一般地区地磁约在 0.25 高斯，而巴马高达 0.58 高斯。高强度的地磁环境使得巴马地区拥有富含微量元素的小分子弱碱性水资源。巴马属南亚热带至中亚热带季风气候区，年均日照总时数 1 531.3 小时，年均气温 18.8℃~20.8℃，全年无霜期 338 天，年均降雨量约 1 600 毫米，相对湿度 79%。空气中负氧离子含量丰富，据检测，空气中负氧离子含量每立方厘米最高达 20 000 个，比一般内陆城市高出几十倍。巴马当地居民饮食以五谷杂粮为主，主食中玉米占比最高，当地长寿老人饮食特点表现为长期食用玉米糊粥。

（三）消费群体多元化

康旅产业以更广泛的概念吸纳新客群，带动受众、方式、元素及产品组合等进行新变化。从孕幼、青少年再到中老年等各个年龄阶层的人群，都存在不同程度、不同类型的康养旅游需求，即各个社会群体都可以被纳入康养的范围。不同群体的康养需求，为行业带来了庞大的潜在市场。康养旅游的人群也开始从老年人和亚健康人群向外扩散，即随着人们需求多样、市场细分[18]和产业外延，健康人群、美容美体人群等也将成为新一代康养旅游消费群体。

美国太阳河度假区

太阳河度假区整合开发混合游憩区与度假居住区，旅游区有沙漠地带和喀斯特熔岩等独特的地理环境，拥有优越的地理景观、有针对性的游憩场所和运动设施及商业休闲设施、灵活的会议和宴会空间、服务完善的商务中心及先进的专业视听设备，拥有溶岩床、高耸的雪山、广阔的林地和湍急的河流，为热爱运动的旅游者提供各式各样的选择。居住区可分为三类：临时性度假居住，如酒店、公寓；周期性居住，如度假别墅、二居室住宅；永久性居住，如养老居所等。度假区分为三类：一是度假服务类度假区，为度假者提供了丰富的度假生活设施，有体育运动设施、特色餐饮、水疗和健身服务。二是旅游服务类度假区，主要为游客提供服务，并针对儿童和青少年游客，以科普、科考、解说为主要服务内容。三是居住服务类度假区，主要面向长期居住的业主，不断完善生活配套设施，使居住区的服务功能满足商业、教育、就医等需求。

资料来源：美国官方旅游网站。

德国巴登小镇

巴登小镇拥有丰富的自然森林资源和悠久的历史文化，使游客能同时享受森林浴、温泉浴等多种健康、养生活动。游客通过欣赏美景、聆听音乐、品尝美食、呼吸遍地芬芳等获得视觉、听觉、味觉、嗅觉的洗礼和放松。同时，这座兼具历史积淀与现代创新的小镇，将人文艺术与自然美景相结合，动静呼应，从而使游客达到身心和谐的状态。为满足游客的康养体验，小镇完善了不同功能的温泉疗养设施，引进了小而专的先进医疗服务，打造了多场景、多疗效的森林步道。同时，小镇还有众多特色诊所，能提供先进医疗服务，从而为游客提供全方位疗养服务。由此，小镇构建了以预防和保健为主、治疗为辅的康养体系。

此外，巴登小镇还针对不同年龄的人群，有针对性地打造特色休闲服务设施；针对不同游客群体，提供个人、双人和家庭套餐；针对不同游客需求，提供疗养服务、会务服务、休闲娱乐服务等。

资料来源：高荣伟. 德国小镇巴登巴登："一种令人难以言传的向往"［J］. 新产经，2017（6）：3.

第四节　现代康旅产业的发展意义

一、助力中医文化振兴

中医药学是中华民族所特有的、以汉医药为主体的，包括中国各族人民的传统医药学在内的集大成的一门学科。中医药学是以中国哲学思想和方法为指导，既包括医学、药学，还包括针灸、推拿等多种非药物方法的医药科学。中医药学是中国各族人民在几千年生产、生活实践和与疾病做斗争中，逐步形成并不断丰富发展的中华民族的优秀文化瑰宝，为中华民族繁荣昌盛做出了重要贡献，对世界文明进步有着积极影响。1953年，毛泽东曾说："中国对世界有三大贡献，第一是中医。"1954年，毛泽东还在一次重要批示中指出："中医应当很好地保护与发展。中国的中医药有几千年历史，是祖国极宝贵的财富，如果任其衰落下去，将是我们的罪过。"习近平总书记在党的二十大报告中也强调："促进中医药传承创新发展。"这体现了党和国家对中医药事业的高度关注。因此，传承精华，守正创新，将中医药学融入康养旅游发展中，有着极为重要的意义，有助于推进新时代中医药高质量发展。

二、满足银发市场需求

（一）养老刚性催生康旅市场

随着中国经济稳步发展，2015—2020年，中国人口平均寿命从76.34岁提高到77.93岁，全国老龄化越来越严重。到2035年，人均预期寿命达到80岁以上，人均健康预期寿命逐步提高。人口老龄化速度超过经济发展速度，在养老、医疗、公共资源使用分配以及社会体系建设等方面，都处于"未备先老"的状态。党的二十大报告提出："实施积极应对人口老龄化国家战略，发展养老事业和养老产业。"所谓积极应对，从国家层面来说意味着未雨绸缪的谋划，从社会层面来说则意味着养老刚性需求的满足，从民众层面来说则意味着身体力行的参与。人口老龄化加速催生了养老旅游市场空间，全社会"健康老龄化"产生的巨大刚性需求亟待满足，对于康养旅游市场来说，其发展前景十分广阔。

（二）养生常态提振康旅消费

当前，我国社会的主要矛盾是人民日益增长的美好生活需要和不平衡不充分的发展之间的矛盾。健康舒适的康养生活，无疑是人民群众当前的殷切期待。然而，根据世界卫生组织的研究，70%的人处于"亚健康"状态。亚健康是处于健康与疾病之间的临界状态，中医将其称为未病。《黄帝内经》早已提出了"不治已病治未病"的防病养生理念。随着亚健康人群的增多，人们对康养旅游产品的需求也在不断增加。除此之外，新冠疫情后人们对"健康"的需求越来越强烈，人们逐渐意识到保持身心的健康需要从"医"到"养"转变。养生常态化的需求既反映了人民群众对美好生活的向往，也在一定程度上保证了康旅市场发展的可能性和康旅消费的持续性。

（三）康养旅游需要医养结合

养老刚性和养生常态的需求促使康养旅游产业需要"医养结合"。其中，"医"包括医疗康复保健服务，具体有医疗服务、健康咨询服务、健康检查服务、疾病诊治和护理服务、大病康复服务以及临终关怀服务等。"养"包括生活照护服务、精神心理服务、文化活动服务。"医养一体化"的发展模式，是集医疗、康复、养生、养老等于一体的新型疗养服务模式，既能有效满足养生养老需求，也有助于实现社会资源利用最大化。

> **安徽利辛：探索"医养结合"养老新模式 攻克贫中之贫**
>
> 安徽利辛曾经是国家级贫困县和安徽省深度贫困县，虽然县里配备有养老院，能够满足五保老人"保吃、保穿、保住"的基本生活需求，但敬老院里的医务室的"保医"水平不高，老人身体不舒服时还得到几千米外的乡卫生院就医，存在"医院不能养，敬老院不能看病"的难题。
>
> 对此，当地在深入调研的基础上，通过把乡镇敬老院全部移交卫生院管理，整合医疗资源与养老资源，打破部门壁垒，实现社会资源利用最大化，实现"医护养"一体化，为老人们及时提供医疗卫生服务和健康养老服务。利辛县"医养结合"的养老新模式，真正让这些五保老人看病、养老不再难，有尊严地走完人生最后一程。
>
> 资料来源：中华人民共和国农业农村部官网。

三、激发生态田园体验市场消费潜力

目前，中国处于城市化高潮阶段，大量居民涌入市区。随着城市人口压力不断增加，城市资源逐步稀缺，城市空间趋于狭窄，人们开始逃离城市的压力和氛围，迫切需要一个缓解压力、释放身心的生活空间。田园乡村作为迥异于都市的悠闲、宁静、生态、传统的自然文化环境，承载着旅游转型升级后的高层次的市场需求。在乡村振兴战略和健康中国战略大背景下，经济收入引起居民消费结构的变化。同时，城市化带来的光污染、噪声污染等，推动着原来以观光休闲为主体的旅游市场逐渐向以度假居住为核心，结合观光、休闲、体验、养生的度假市场转变，"休闲田园+康养度假+文化旅游"模式迎来了黄金发展期。旅游与健康有着天然的耦合性，两者的结合发展，为"田园+康养+文旅"的农业康养旅游融合发展奠定了基础。

> ### 成都幸福公社
>
> 成都幸福公社是一个集国学践行、民艺手工、休闲度假、田园农耕、养生养老、旅游教育、运动医护于一体的幸福小镇。成都幸福公社通过十余年的实践探索，打造了一套成熟的商业模式，形成了一种以田园旅居养老为主体的养生模式。
>
> 成都幸福公社是中国第一个农业创客社区，打造的是农业的品牌主题公园和农业的文创产品设计中心；创造了"设计+产业+农业"全新模式，从包装艺术设计的角度出发，将农产品变成高端伴手礼，全面提升农产品的附加值和品牌优势；引进100多位手工匠人和非遗传人，打造传承传统手工艺的成都匠人村，匠人村创业孵化平台集政策信息研究、创业指导培训和服务于一体。孵化内容包含非遗传承、手工文创、音乐、微电影、乡村改造、现代农业、儿童教育等，让传统非遗在这个地方具有现代审美和使用价值。
>
> 资料来源：陈晨倏，申雨弦. 新乡村主义下旅游导向型乡村社区实践研究：以成都大邑"幸福公社·福村"为例 [J]. 创意设计源，2022（5）：49-53.

> ### 日本 Mokumoku 农场
>
> Mokumoku 农场位于日本伊贺市郊区，是以亲子教育为出发点，以家庭为主要客群，由农户养猪的经营联合体发展而成，以"自然、农业、猪"为主

题的产业农场。依靠"有机产品+工坊式生产+观光旅游体验+智慧性运营"模式，农场年产值54亿日元，是"第六产业化"亲子农场的典范。农场主要分为餐饮、住宿、购物、休闲娱乐四大区域，集观光游览、科普教育、产品展览、餐饮美食、休闲体验、度假住宿等服务功能于一体。

休闲娱乐区将农业产业环节延伸到体验内容上。孩子们可以听饲养员讲课、学习挤奶、喂食小动物、制作香肠等；餐饮区的食材是当地农家自产的有机蔬果和肉类；购物区则为周边农户提供了一个交易平台，在这里购买的农产品都是周边农户种植的，且每件产品上都标有种植农户的照片、姓名等信息，让消费者买得放心。该农场立足农业，将农业的产业环节与旅游产品无缝对接，形成一个较为完整的农旅产业链、一个可持续发展的商业模式。

资料来源：刘爱君，郑培国. 农文旅融合背景下田园综合体典型案例研究：以日本Mokumoku农场为例 [J] 山西农经，2022（22）：9-12.

四、诠释健康中国和美丽中国

党的十八届五中全会明确提出"推进健康中国建设"，党的十九大报告更是将实施健康中国战略纳入国家发展的基本方略，把人民健康置于"民族昌盛和国家富强的重要标志"地位，并要求"为人民群众提供全方位全周期健康服务"，这表明健康中国建设进入了全面实施阶段。"美丽中国"是党的十八大提出的概念，强调把生态文明建设放在突出地位，融入经济建设、政治建设、文化建设、社会建设的各方面和全过程。党的十九大报告提出加快生态文明体制改革，建设美丽中国。

康旅产业是世界范围内的新兴产业、朝阳产业、"幸福产业"，不仅关乎民生福祉，而且代表一个国家和民族的发展水平与文明程度。树立科学的康养理念，营造良好的康养氛围，积极开展康养理论研究，不断健全完善康养制度体系，推动康旅产业高质量发展，是实现国家治理体系和治理能力现代化的有力举措，更是对满足人民群众日益增长的健康需求的有效回应，有利于积极应对人口老龄化、促进经济社会协调可持续发展，有利于将生态本底转化为发展优势，有利于实现共同富裕和中华民族伟大复兴目标。发展康旅产业既是健康中国建设的重要内容，也是建设美丽中国的应有之义，是诠释好健康中国和美丽中国的具体表现形式。

五、推动万物互联互通和跨界创新发展

以人工智能[49]为代表的新一轮科技革命正孕育兴起，技术的革命性变化，一方面推动了经济社会向万物互联互通时代进发；另一方面模糊了产业的边界，加速了不同产业间相互渗透、相互包含和融合发展。借助新兴技术，中国康旅产业可与医疗产业、农业产业、文化产业等融合发展。在医疗方面，有养生医疗、康复医疗、智慧医疗、健康医疗、美容整形等类型。中国具有丰富的旅游资源以及优质的医疗资源，发展医疗康养旅游不仅可以推动中国经济增长，还可以推动酒店、餐饮、医疗器械等行业的发展。在农业方面，有果蔬种植、农业观光、乡村休闲等类型。随着人们生活品质的提高，追求健康和安逸成为一种时尚，越来越多的城市居民开始向往乡村生活。发展乡村康旅产业可以满足城市居民有关生态康养产品和体验的需要。在文化产业方面，文化养生型康养小镇依托当地特有的健康文化、地方民俗、地方历史等，将文化体验服务与康养旅游融合，发挥文化的康养旅游功能，从而提供文化型康养旅游服务。

康旅产业融合发展能更好地满足人们对大健康[50]产业的需求。当前，中国已全面建成小康社会，正向社会主义现代化强国迈进。人们已经不满足于吃饱穿暖，而更加注重满足健康、养生等方面的需求。一方面，康旅产业融合发展能够为人们提供更多种类、更加优质的大健康服务，如美容康养旅游、医疗康养旅游、森林康养旅游等。另一方面，康旅产业融合发展有利于保护环境，而美好的环境也是对人们健康的保障。因为康旅产业融合发展不仅可以平衡和稳定生态系统，还可以减少各类物质对环境的破坏。

康旅产业融合发展可以通过市场方式整合资源，如技术、人才、资金等，推

动产业多元化、现代化，带动不同行业的发展。一方面，康旅产业融合发展有助于推动农业、手工业、制造业、服务业的发展，为这些产业转型升级提供支撑条件。另一方面，康旅产业的巨大发展潜力将文化创意与技术创新相结合，融合农业、工业、商贸业等传统行业，激发美学、设计学、会议、展览、节庆活动、奖励旅游、金融、贸易等行业的活力，助力新兴产业业态的创新变革与发展。

复习思考

1. 中西医健康的标准有哪些不同？
2. 中西方养生思想的差异在哪里？
3. 如何理解中国传统康养文化的智慧？
4. 如何理解现代康旅产业消费群体的多元化？
5. 探讨如何满足康养旅游银发市场需求？
6. 如何理解现代康旅产业可以助力诠释健康中国和美丽中国？

第三章 现代康旅产业的主要类型

章前引言

现代康旅产业的发展主要基于自然资源和人文资源的康养价值和体验价值。常见的具有康养价值和体验价值的自然资源包括森林、温泉、湖泊、山地、水体、气候等；常见的具有康养价值和体验价值的人文资源包括医疗康复、休闲娱乐、文化消遣、养生文化等。不同的资源具有不同特色的康养旅游产业开发价值。本章通过梳理当前我国现代康旅产业的主要类型，使学生掌握森林康旅产业、运动康旅产业、温泉康旅产业、医疗康旅产业、文化康旅产业、美容康旅产业、田园康旅产业等基本内涵，了解上述七种康旅产业的发展情况和发展类型。

内容结构

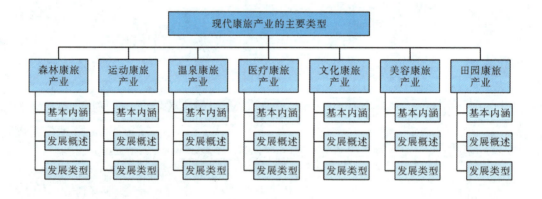

第一节　森林康旅产业

一、森林康旅产业的基本内涵

2019 年，国家林业和草原局、民政部、国家卫生健康委员会、国家中医药管理局联合印发《关于促进森林康养产业发展的意见》，文件中对森林康养的内涵给予了界定，即"森林康养是以森林生态环境为基础，以促进大众健康为目的，利用森林生态资源、景观资源、食药资源和文化资源并与医学、养生学有机融合，开展保健养生、康复疗养、健康养老的服务活动"。森林康旅产业则是以丰富的森林景观、浓郁的森林文化、宜人的森林环境与健康的森林食品为依托，结合相应的休闲养生及医疗服务设施，开展的有利于人体身心健康、延年益寿的森林游憩、度假、疗养、保健、养老等各种旅游体验产品和服务的集合。森林康旅是将森林作为活动载体，以户外森林康养为核心，以森林养生为灵魂的综合旅游活动。如今，森林康养已经成为一种时尚的修身养性的旅游体验方式，是一种新兴的康旅产业。

政策文本

《关于促进森林康养产业发展的意见》（林改发〔2019〕20 号）强调："森林康养是以森林生态环境为基础，以促进大众健康为目的，利用森林生态资源、景观资源、食药资源和文化资源并与医学、养生学有机融合，开展保健养生、康复疗养、健康养老的服务活动。发展森林康养产业，是科学、合理利用林草资源，践行绿水青山就是金山银山理念的有效途径，是实施健康中国战略、乡村振兴战略的重要措施，是林业供给侧结构性改革[①]的必然要求，是满足人民美好生活需要的战略选择，意义十分重大。"

二、森林康旅产业的发展概述

（一）国外森林康旅产业的发展简述

1. 德国

德国是世界上森林康养最早的发源地，源于 20 世纪 40 年代。20 世纪 80 年代，森林康养被列为德国的一项基本国策，强制性要求公务人员参加定期的森林疗养，此后德国公务员的健康指标显著好转，并且在疗养胜地被纳入国家医疗体系后，德国公费医疗费用减少了 30%。此外，森林康养的发展不仅带动了当地酒店、餐饮和交通等相关旅游服务业的迅速发展，还造就了森林导游、康养理疗师㊾、康养营养师㊿、健康管理师㊶等一系列的新兴职业。

2. 日本

1983 年，日本林野厅发起以"入森林、浴精气、炼身心"为理念的森林浴运动，其被列为国民运动。在"森林浴㊿"发展形式日益丰富的情况下，1999 年日本森林协会提出了全新的"森林疗养㊿"概念，"森林疗养"被认为是日本森林康旅事业的真正起源。21 世纪后，随着森林休闲旅游的不断发展，以林间步行为代表的多种森林康旅形式不断得以丰富。日本林野厅于 2004 年首次提出了"森林疗法基地"一词，将其定义为：为游客提供森林漫步、医疗保健、温泉疗养等活动的综合性场所，通常拥有多条森林浴步道、基础设施较为齐全、提供多种森林旅游产品以达到改善身体状况等疗效的森林区。2006 年，日本第一个森林康旅行业协会——森林疗法协会成立。2009 年 4 月，日本首次在全国范围内实行了森林疗法向导考试，对森林疗法师和森林疗法向导进行选拔。2022 年，日本已确认的森林浴场和游道共有 65 处，范围涵盖了日本南部的冲绳地区至北部的北海道地区。

3. 韩国

1982 年，韩国政府提出了"自然休养林"项目。1988 年，韩国首个"森林休养"项目进入建造阶段，森林康旅就此在韩国应运而生，并不断蓬勃发展。韩国 2005 年出台的《森林文化·休养法》，强调了充分发挥森林的多项功能，提倡设立自然休养林、自然观察教育林、风景林以满足人们对森林的多样化需求，用法治的方式保证森林康旅的健康发展。2015 年，韩国国会批准了《森林福利促进法》，该法的颁布意味着森林康养成为国民福利的重要组成部分。截至 2019 年

7 月，韩国共营造 160 处休养林，已形成较为完善的产业及服务体系。

（二）中国森林康旅产业的发展简述

2013 年，我国首度提出发展森林康养产业。2016 年，国家林业局印发的《林业发展"十三五"规划》，明确提出要大力发展森林康养产业。同年，国家旅游局发布行业标准《国家康养旅游示范基地标准》，标志着森林康养基地建设开始进入标准化和规范化阶段。2019 年，国家林业和草原局、民政部、国家卫生健康委员会、国家中医药管理局联合印发《关于促进森林康养产业发展的意见》并明确指出："发展森林康养产业，是科学、合理利用林草资源，践行绿水青山就是金山银山理念的有效途径，是实施健康中国战略、乡村振兴战略的重要措施，是林业供给侧结构性改革的必然要求，是满足人民美好生活需要的战略选择，意义十分重大。"2021 年，《国务院办公厅关于科学绿化的指导意见》明确提出，"采取有偿方式合理利用国有森林、草原及景观资源开展生态旅游、森林康养等，提高林草资源综合效益"。2022 年，《林草产业发展规划（2021—2025年)》中提出，"到 2025 年，森林康养服务总人数超过 6 亿人次"。2022 年，在人力资源和社会保障部新修订的《中华人民共和国职业分类大典（2022 年版)》中，森林康养师作为新增职业岗位正式纳入其中。虽然中国对森林康旅的探索晚于发达国家，但是在相关政策和学者们的推动下，中国森林康养旅游也在不断发展。在政府的大力支持下，森林康旅产业展现出了巨大的市场潜力和良好的发展前景，未来有望迎来前所未有的行业发展机遇。

三、森林康旅产业的发展类型

（一）森林观光产业

森林观光体验是森林康旅产品中最初始的体验产品类型，该类产品是受众面最广、最初级的森林康旅产品，这类产品更容易进入大众的视线，也更容易被大众接受。观光体验类产品主要以亲近大自然、观赏原始森林为活动主线。活动中旅游者能远离都市喧嚣，置身于山水林地间，观赏原始的自然风貌，理解并感受大自然的独特魅力，起到了陶冶性情、放松身心、消除疲劳、愉悦心情、恢复精力的功效。旅游者可以近距离接触各种动植物品种、增长知识、丰富阅历、开阔眼界，还可以增强对自然的热爱和加深对环境保护的认识，是人们进行近郊短途休闲休假的一种旅游体验。因此，森林观光产业是一个涉及森林资源管理和旅游发展的产业，其主要内容包括以下三点：一是森林旅游规划和管理，涉及对森林资源的评估、规划、开发和维护，以确保其可持续发展和生态保护。二是森林旅游开发，包括建设旅游基础设施，如步行道、野营地、观景台等，以及提供相关的旅游服务，如导游服务、餐饮住宿等。三是森林环保与教育，通过开展环保和教育活动，增强游客的环保意识并促进生态保护。

（二）森林体育产业

森林体育产业是依托森林、山地、峡谷、水体等自然资源，通过设置丰富有趣的户外活动来增强康养者肌体活力，促进身心健康的康养活动，包括森林慢跑、丛林探险、森林夏令营、森林越野、森林运动会、极限运动等形式，康养旅游者可以根据自身的身体状况，选择适宜自身的运动形式。康养旅游者在森林中开展户外活动，能够提高个人免疫能力、保持人体活力、释放不良情绪以及降低亚健康风险，通过主动运动的方式在回归自然中获得新的活动体验。因此，森林体育产业是一个新兴的产业，主要涉及在森林等自然环境中开展的体育活动和相关的产业活动，包括以下四类：一是户外运动，包括登山、攀岩、漂流、皮划艇、徒步旅行等，这些活动都需要在森林等自然环境中进行。二是生态体育，以保护生态环境、促进健康为宗旨，在森林等自然环境中开展的体育活动，如定向越野、野外生存等。三是体育旅游，将体育和旅游相结合，在森林等自然环境中提供各种体育活动和旅游服务，如露营、野餐、烧烤等。四是体育赛事，在森林等自然环境中举办各种体育赛事和活动，如森林马拉松、山地自行车赛等。

（三）森林健康产业

森林健康产业是指针对健康或亚健康的康养者，依托良好的森林环境，以实现疾病预防、维持和修复身体健康目标的产业形式。森林健康产业作为一种利用森林疗法的养生产业，其康养旅游参与者不仅可以在森林中吃到纯天然的森林食品，还可以通过在森林中悠闲漫步和体验农事活动，将自己置身于森林环境当中，感受大自然的魅力，陶冶性情，维持和调节身心健康，以达到保持健康与预防疾病的功效。因此，森林健康产业是一个涉及森林资源管理和健康服务的产业，主要包括以下五个方面：一是森林疗养，利用森林环境的自然疗法功效，为人们提供康复、放松和保健服务。其包括在森林中设立疗养设施、开展疗养活动等。二是森林养生，通过在森林环境中进行各种养生活动，如散步、瑜伽、太极等，以达到锻炼身体和修身养性的效果，从而提高身心健康水平。三是森林食品，利用森林中的天然资源，生产健康、绿色的食品，如野生菌类、森林蔬菜、野生蜂蜜等。四是森林医学，研究森林环境对人类健康的影响，探索森林环境在预防和治疗疾病方面的作用和应用。五是生态教育，通过开展生态教育活动，增强人们对森林健康价值的认识，促进人们自觉地保护和利用森林资源。

（四）森林研学产业

森林研学是针对义务教育系统开展森林知识、动植物知识、森林康养知识、养生文化和生态文明教育等研学活动，让研学者通过开展森林康旅活动、户外活动以及科普教育活动，将课堂知识带到林间，利用视觉的直观性让研学者在学习知识时更具有生动性和趣味性，从而提高研学者对探索大自然奥秘的兴趣，进而起到更好的科普教育的效果，例如通过森林教育基地、森林野外课堂、森林体验馆、森林博物馆、森林康旅宣讲堂等多种形式传授关于大自然的知识。因此，森林研学产业是一个以森林为载体，集教育、科研、旅游于一体的新兴产业，其活动形式主要包括以下四类：一是森林教育，通过在森林环境中开展各种教育活动，如科学考察、野外探险、自然观察等，提高人们对自然环境和生态系统的认识和保护意识。二是森林科研，利用森林环境的独特资源，开展各种科学研究和实验，如生态学、植物学、动物学等。三是森林旅游，将森林旅游和研学相结合，为游客提供丰富的森林体验和旅游服务，如森林徒步、露营、野餐等。四是研学营地，在森林中设立各种研学营地，为青少年和成人提供各种研学课程和活动，如野外生存技能培训、科学实验等。

（五）森林度假产业

森林度假的重心在于利用森林对人体有益的康复功能，通过森林特色的接待业打造，为康养旅游者提供一个较长时间的森林度假生活体验。以前，慢性疾病患者需要通过药物进行治疗，但药物治疗并不能够起到治本的效果，而森林度假康旅则通过改变生活方式以达到对慢性疾病治疗的效果，在森林这一特殊生态环境下，利用食物调节、作息调节、适量运动等综合手段，让慢性疾病患者在回归自然中提高生活质量，保持身心愉悦，从根本上缓解慢性疾病，提高患者的免疫力，使得慢性疾病得到一定的治疗。因此，森林度假产业是一个以森林为背景，集休闲、娱乐、度假于一体的旅游产业，以森林度假村和森林疗养基地的形式，在森林中建立各种度假村和疗养基地，提供住宿、餐饮、休闲等服务，如木屋度假村、帐篷营地等，以及利用森林环境的自然疗法效应，提供养生和康复服务，如温泉、SPA 等，帮助人们放松身心、恢复健康。

第二节　运动康旅产业

一、运动康旅产业的基本内涵

在大众旅游^⑤时代，人们的旅游方式不再是走马观花式地观光，旅游的重点逐步从身体旅行转向身心放松，旅游产品的多样性已成为时代发展的趋势。在快节奏、高压力的工作和生活环境下，疾病、亚健康等问题不断唤醒人们对运动休闲康养旅游的需求。同时，在消费升级和人口老龄化加剧的背景下，人们对健康生活的要求不断提高，越来越多的消费者把目光投向优质、独特的运动休闲康养旅游体验，人们对体育、休闲娱乐的多样化消费需求日益增长。集竞技性、体验性和娱乐性于一体的运动休闲康旅，在满足人民日益增长的美好生活需要方面发挥着不可替代的作用，并受到旅游者的青睐。运动康养旅游是运动休闲旅游和康养旅游融合而产生的旅游新业态，结合了体育旅游和康养旅游的特点，是集康养、旅游、体育、文化、休闲、娱乐和人际沟通于一体，具有多样性、自选性、综合性、亲和性等特征，为旅游者提供多元化、高品质的体育运动和休闲活动相关的旅游体验产品和服务的集合。区别于传统单一的休闲旅游方式，运动休闲康养旅游能为消费者提供多元化、高品质的服务，满足不同层次、不同群体的消费者需求，成为新时代健康生活的首选方式。

二、运动康旅产业的发展概述

（一）国外运动康旅产业的发展概述

运动康旅的雏形是休闲体育^⑨旅游，之后发展为以竞技比赛为吸引物的体育赛事旅游。休闲体育可以追溯到古希腊和古罗马^⑩时期。在古希腊，人们通过参加奥运会等体育比赛来放松身心。而在古罗马，人们则更注重休闲活动的社交性，例如在浴场开展游泳、打球等活动。随着时间的推移，休闲体育逐渐传播到其他国家和地区。18—19世纪，休闲体育开始在欧洲国家得到广泛的发展和普及。英国是休闲体育发展的重要先驱者，其创办了现代足球、板球和高尔夫球等运动项目。同时，英国也是最早建立公共休闲场所的国家，如公园和游乐场，为人们提供了进行休闲体育活动的场所。此外，英国还成立了众多的休闲体育俱乐部，提供各种各样的运动项目供人们选择。1857年，英国率先成立登山俱乐部，之后各国相继效仿成立了许多相关俱乐部。19世纪末，美国的一些探险家和运动员开始组织了一系列探险旅行，旨在寻找和探索新的体育资源，特别是在一些尚未被发现的地区。20世纪初，国外的体育旅游开始逐渐具有规模性。休闲体育进一步扩大了运动项目的范围，如篮球、网球、游泳等，吸引了更多的人参与。

2000年以后，美国开始重视以体育运动赛事作为旅游吸引物，来推动全球化浪潮下体育旅游的快速发展，如篮球、美式橄榄球、冰球、棒球和冲浪等。这些运动在各自领域内有着广泛的影响力，不仅在美国广受欢迎，也在全球范围内拥有众多参与者。世界著名运动赛事[61]中的美国职业篮球联赛（NBA），在美国是一项非常流行的运动，更是全球顶级的篮球赛事之一。美式橄榄球也深受美国人喜爱，其独特的比赛方式和激烈对抗使其成为美国体育运动的代表之一。冰球则在北美地区较为流行，每年举行的各级赛事吸引了众多观众关注。棒球作为美国最古老的体育项目之一，其赛事也备受瞩目，而全球范围内备受欢迎的冲浪运动也是美国的强项之一。此外，美国还有一些其他较为知名的体育运动项目，如美式足球、赛车、拳击、高尔夫球等。这些运动项目在美国也有着广泛的观众基础，同时也是全球范围内备受关注的体育赛事。如今，美国体育旅游模式衍生出的"体育旅游+文化""体育旅游+教育""体育旅游+大众""体育旅游+休闲""体育旅游+科研"等，推动了体育旅游向运动康旅的转变。

（二）中国运动康旅产业的发展概述

中国作为四大文明古国[62]之一，体育旅游经历了以宫廷狩猎、蹴鞠活动、龙舟竞渡、游学等传统体育文化活动为典型代表的萌芽阶段，以奥运会、世界杯等国际大型赛事为主的兴起阶段，以第八届全运会为起点的大众体育运动休闲发展阶段。2008年北京奥运会以后，我国体育旅游进入了以体育场馆、体育公园建设、体育用品开发、体育赛事举办等为主的快速提升阶段。随着竞技体育[63]备受全民关注，我国迎来了体育与旅游深度融合的发展，体育旅游的春天已经悄然到来。

为了进一步促进体育旅游的高质量发展和以体育旅游促进运动休闲康养相关产业的融合发展，国家站在全民大健康的高度出台了一系列政策和措施，促进体育旅游的要素供给[6]。2016 年 8 月，习近平总书记在全国卫生与健康大会上指出，"没有全民健康，就没有全面小康"，体现了党和国家把人民健康放在优先发展的战略地位。之后，国务院办公厅颁布了《关于加快发展健身休闲产业的指导意见》（国办发〔2016〕77 号）、《关于促进全民健身和体育消费 推动体育产业高质量发展的意见》（国办发〔2019〕43 号）等政策文件。2022 年，国家体育总局等八部门联合印发了《户外运动产业发展规划（2022—2025 年）》，研制了冰雪、山地户外、水上、航空、汽车摩托车、自行车、马拉松、马术等运动休闲产业规划，大力支持了我国运动休闲康旅产业的发展。

综上所述，为了推动运动休闲康旅消费持续提质扩容，进一步发挥运动休闲康旅产业在扩大内需、推动经济结构转型升级、促进就业和培育经济发展新动能中的作用，推进体育强国和健康中国建设，我国政府出台了一系列政策法规以支持运动休闲康旅产业持续向好发展（见表 3-1）。

表 3-1　我国运动休闲康养旅游相关政策法规及主要内容梳理

政策法规	主要内容
《国务院关于促进健康服务业发展的若干意见》（国发〔2013〕40 号）	从刺激消费需求、鼓励扩大供给两个角度，提出了促进健康服务业发展的政策措施，主要包括放宽市场准入、加强规划布局和用地保障、优化投融资引导政策、完善财税价格政策、引导和保障健康消费可持续增长、完善健康服务法规标准和监管、营造良好社会氛围
《关于加快发展体育产业 促进体育消费的若干意见》（国发〔2014〕46 号）	加强体育运动指导，推广"运动处方"，发挥体育锻炼在疾病防治以及健康促进等方面的积极作用，有效将发展区域特色体育上升至体育强国建设目标，促进体育产业与其他产业相互融合
《国家康养旅游示范基地标准》	丰富康养旅游内容，打造一批产业要素齐全、产业链条完备、公共服务完善的综合性康养旅游目的地，推动康养旅游示范基地建设
《"健康中国 2030"规划纲要》	积极发展健身休闲运动产业。鼓励发展多种形式的体育健身俱乐部，丰富业余体育赛事，积极培育冰雪、山地、水上、汽摩、航空、极限、马术等具有消费引领特征的时尚休闲运动项目，打造具有区域特色的健身休闲示范区、健身休闲产业带

表3-1(续)

政策法规	主要内容
《关于加快发展健身休闲产业的指导意见》（国办发〔2016〕77号）	以健身休闲重点运动项目和产业示范基地等为依托，鼓励地方积极培育一批以健身休闲为特色的服务贸易示范区
《国务院关于促进健康旅游发展的指导意见》（国卫规划发〔2017〕30号）	积极探索健康服务和旅游融合发展，建立比较完善的健康旅游服务体系，推动健康旅游产业健康有序发展
《关于促进全民健身和体育消费 推动体育产业高质量发展的意见》（国办发〔2019〕43号）	强化体育产业要素保障，激发市场活力和消费热情，推动体育产业成为国民经济支柱性产业。主要包括：深化"放管服"改革，释放发展潜能；完善产业政策，优化发展环境；促进体育消费，增强发展动力；建设场地设施，增加要素供给；加强平台支持，壮大市场主体；改善产业结构，丰富产品供给；优化产业布局，促进协调发展；实施"体育+"行动，促进融合发展；强化示范引领，打造发展载体；夯实产业基础，提高服务水平这10个方面的政策举措
《进一步促进体育消费的行动计划（2019—2020年）》（体经字〔2019〕13号）	进一步促进体育消费，大力发展健身休闲消费。重点支持消费引领性强的健身休闲项目发展，推动水上运动、山地户外、航空运动、汽摩运动、马拉松、自行车、击剑等运动项目产业发展规划的细化落实，形成新的体育消费热点
《户外运动产业发展规划（2022—2025年）》	到2025年，户外运动产业高质量发展成效显著，基本形成供给与需求有效对接、产业与生态协调发展、产品与服务品牌彰显、业态与模式持续创新的发展格局。户外运动场地设施持续增加，普及程度大幅提升，参与人数不断增长，户外运动产业总规模超过3万亿元。到2035年，户外运动产业规模更大、质量更优、动力更强、活力更足、发展更安全，成为促进人民群众身心健康、提升获得感和幸福感、推进体育产业高质量发展和体育强国建设的重要力量

资料来源：根据我国政府官网相关政策文件进行梳理。

"十四五"时期，我国的运动休闲康旅产业将迎来发展新机遇。以国内大循环为主体、国内国际双循环相互促进的新发展格局将激发运动休闲康旅产业的发展活力。在经历重大疫情风险后，人民群众增进健康、亲近自然的需求将刺激运动休闲康旅产品和服务供给。此外，5G、大数据、区块链⑤、物联网⑥、人工智能等新一轮科技革命将助推运动休闲康旅产品创新和服务升级，增强运动休闲康旅产业发展的动力。在这样的背景下，中国贵州的"村超"和"村BA"探索出一条适合普通大众运动休闲和体育赛事深度融合的"康体旅"高质量发展新路，成为运动休闲康旅产业的典范。

贵州"村超"

"村超"是乡村足球超级联赛的简称，是贵州乡村体育赛事。2023年5月13日，由民间自发组织举办的榕江（三宝侗寨）和美乡村足球超级联赛在城北新区体育馆开幕，赛事由村民组织，参赛者以村民为主，比赛现场热血沸腾，场内队员竞争激烈，场外观众热情高涨，比赛奖品接地气，极具乡村气息，网友形象地将该项赛事称为"村超"。经过不断创新与发展，"村超"这一坚持以人民为中心、靠全民参与共建、以乡村足球为媒、用优秀文化搭台、让经贸产业唱戏、用数字媒体推动的现象级文化传播品牌，立足于平凡人物真善美的感人故事，通过"快乐村超"的品牌载体，传播中华优秀传统文化当中最向上、最向善、最向美的正能量，增强各族人民文化自信、提升精神面貌。"村超"通过流量全民共享的互联网思维，围绕"创新、协调、绿色、开放、共享"的新发展理念⑦，通过"发展靠群众、群众靠发动、发动靠活动、活动靠带动"的"村超"方法论，让人民群众有获得感、幸福感、安全感。"村超"也是后发地区立足自身比较优势，通过塑造县域文化品牌实现赶超的新发展模式，成为推进农文旅体商融合发展、乡村全面振兴的新引擎。"村超"作为"足球+文化"的乡村嘉年华，是体育精神与民族文化相互融合的结果，是全县人民共商共建的结果，展现了人民群众对民族文化和足球文化的高度自信。据权威媒体统计，自开赛以来，"村超"单场最高上座人数超6万，全网浏览超480亿次，抖音视频播放超130亿次，各项数据创下历史纪录。

"村超"是中国式现代化实践的生动诠释。"村超"的生命力在于必须把坚持高质量发展作为新时代的硬道理。"村超"的可持续性在于坚持稳中求进、以进促稳、先立后破，并通过打造县域IP激发消费、扩大投资、培育壮大新型消费来发展体育赛事，让其成为新的消费增长点。同时，贵州"村超"也成为中国向世界展现中国特色休闲运动康养的一个窗口。

资料来源：央视新闻、榕江县人民政府网。

贵州"村BA"

2022年8月，贵州省黔东南苗族侗族自治州台盘乡的一项篮球赛事火了。场上赛况激烈，球员攻防有板有眼；场外热情高涨，球迷将赛场围得"水泄不通"。这场当地村民一年一度的篮球赛，经由短视频传播后火爆全网，网友们参照"NBA""CBA"的命名规则，称之为"村BA"。"村BA"是由贵州省台盘村"六月六"吃新节篮球赛发展而来的一场乡村体育赛事。该村在吃新节举办篮球赛已有几十年的传统，比赛场地设在村口球场，比赛由村民组织，参赛者以村民为主，其极具乡村气息的办赛风格赋予了这项赛事不一样的激情和意义。

2023年6月20日晚，由农业农村部农村社会事业促进司、国家体育总局群众体育司指导，中国农民体育协会联合中华全国体育总会群体部主办，中国篮球协会提供技术支持的全国和美乡村篮球大赛（"村BA"）揭幕式在贵州省黔东南州台江县台盘村举办，这标志着"村BA"全国赛正式启动。8月2日，全国和美乡村篮球大赛（村BA）东北赛区揭幕战在天津市蓟州区郭家沟村正式开赛。来自北京、天津、河北、辽宁、吉林、黑龙江、江苏、山东8个省份的16支代表队共计500余人，在此后5天的赛程里参与了小组循环赛、淘汰赛、决赛的角逐。最终，赛区前两名入围全国总决赛。8月9日晚，"村BA"山西选拔赛在长治市潞州区老顶山街道南垂村落下帷幕。8月27日，"村BA"西北赛区的比赛在宁夏固原市西吉县吉强镇团结村篮球公园和宁夏固原市原州区中河乡中河村励志篮球俱乐部进行，来自山西、内蒙古、河南、湖北、陕西、甘肃、新疆、青海、宁夏9个省份的18支代表队展开激烈角逐。

年龄、职业和能力不是"村BA"评判一个人能否当球员的标准，发自内心地热爱篮球才是。赛事组织不根据外在条件限制报名，参赛球员都是心怀热爱而战，这才是真正的体育精神，是纯粹和本真的体育内涵。"村BA"也启示我们，农村文化建设、村风民风滋养既不是朝夕之功，也绝非简单输入，而是需要在田野上、村庄中找回文化发展的内生动力。这种内生动力可以是体育，可以是艺术，可以是音乐，可以是舞蹈，可以是文学，可以是一切生长在广袤大地深处的文化的花朵。

资料来源：人民网、光明网、多彩贵州网。

三、运动康旅产业的发展类型

（一）冰雪运动产业

在2022年北京冬奥会后，我国冰雪运动康旅得以发展，结合冰雪运动"南展西扩东进"战略，以京津冀为带动，东北、华北、西北三区协同，以大众滑雪、滑冰、冰球等为重点，突出资源环境和冰雪文化特色，发挥消费潜力和人才技术优势。我国引导各地加大冰雪旅游设施建设力度，提升产品服务水平，推动建设健身休闲、竞赛表演、运动培训、文化体验一体化的滑雪旅游度假地，打造兼具民俗风情和冰雪文化特色的冰雪旅游主题精品线路，建设集滑雪、登山、徒步、自驾、露营、非遗体验、冰雪文化展示等多种文化和旅游活动于一体的高品质、复合型的冰雪旅游基地；深入挖掘各地传统冰雪文化资源，加强冰雪文化相关非物质文化遗产保护和利用，充分发挥非物质文化遗产项目和传承人作用，丰富冰雪旅游文化元素，支持创作生产冰雪主题的文艺演出展览、冰雕雪雕、群众摄影、数字文化等。因此，冰雪运动产业是一个以冰雪资源为基础，集体育、旅游、娱乐于一体的新兴产业，其内容主要包括以下四个方面：一是冰雪赛事和表演。举办各种冰雪赛事和表演，如滑雪、滑冰、冰球等，吸引大量观众和游客，推动冰雪运动的发展和普及。二是冰雪旅游。利用冰雪资源开发旅游产品，如冰雪景观游览、冰雪主题公园、冰雪度假村等，吸引国内外游客，促进旅游业的繁荣和发展。三是冰雪装备制造。生产和销售各种冰雪运动装备，如滑雪板、滑雪鞋、冰刀等，满足消费者对高品质冰雪运动装备的需求。四是冰雪教育培训。提供各种冰雪运动教育培训服务，如冰雪运动技能培训、冰雪运动教练员培训等，提高冰雪运动的专业水平和普及程度。

（二）山地运动产业

山地拥有凉爽舒适的气候环境，凭借其景观美学形态、康养生态环境和深厚文化内涵，成为备受青睐的户外运动、康养和避暑的旅游目的地。山地户外运动休闲康旅集山地观光、休闲度假、山地攀登、野外探险、健身娱乐、人文教育等于一体，囊括登山、攀岩、徒步、露营等山地户外运动项目。当前，我国积极推动山地户外运动场地设施体系建设，形成"三纵三横"（太行山及京杭大运河、西安至成都、青藏公路，丝绸之路、318 国道、长江沿线）山地户外运动布局，完善山地户外运动赛事活动组织体系，加强户外运动指导员队伍建设，完善山地户外运动安全和应急救援体系，促进山地户外运动休闲康旅可持续发展。因此，山地运动产业是一个以山地资源为基础，集户外运动、旅游、休闲于一体的新兴产业，主要包括：一是山地户外运动。利用山地资源开展各种户外运动，如登山、攀岩、漂流、滑雪等，提供丰富的户外体验和娱乐活动。二是山地度假村。在山区建立各种度假村，提供住宿、餐饮、休闲等服务，如木屋度假村、帐篷营地等。三是山地景观游览。利用山地的独特景观和资源，开发各种旅游产品，如观光车、导游服务等，为游客提供观光旅游和文化体验。四是山地养生和康复。利用山地环境的自然疗法效应，提供养生和康复服务，如温泉、SPA 等，帮助人们放松身心、恢复健康。

（三）水上运动产业

水上运动产业主要通过合理利用公园水域、江河、湖海等区域，重点建设一批便民水上运动设施，改造一批国家级水上运动训练基地，开发大众水上运动休闲康旅服务市场。目前我国依托水域资源，推动形成"两江两海"（长江、珠江、渤海、东海）水上运动产业集聚区。因此，水上运动产业是一个以水域资源为基础，集体育、旅游、娱乐于一体的新兴产业，其主要包括以下六类：一是帆船运动，利用帆船进行比赛、训练和旅游活动，如帆船比赛、帆船旅游等。二是赛艇运动，利用赛艇进行比赛、训练和旅游活动，如赛艇比赛、赛艇旅游等。三是皮划艇运动，利用皮划艇进行比赛、训练和旅游活动，如皮划艇比赛、皮划艇旅游等。四是潜水运动，利用潜水设备进行水下探险、观赏和娱乐活动，如潜水旅游、潜水表演等。五是水上摩托运动，利用水上摩托进行比赛、训练和旅游活动，如水上摩托比赛、水上摩托旅游等。六是其他水上运动，例如滑水、漂流、花样滑水、水上降落伞、水上飞机、碧波冲浪、游湖玩岛等水上运动休闲运动。

（四）赛车运动产业

赛车运动是通过建设汽车露营营地和中小型赛车场，利用自然人文特色资源，举办拉力赛、越野赛、集结赛等赛事，组织家庭露营、青少年营地、主题自驾等活动，打造汽车、摩托车运动休闲康旅模式新业态。目前，我国不断完善赛事活动组织体系，加强汽车自驾运动营地区域协作，着力打造"三圈三线"（京津冀、长三角、泛珠三角、北京至深圳、北京至乌鲁木齐、南宁至拉萨）自驾路线和营地网络。因此，赛车运动产业是一个以赛车比赛为核心，集制造、营销、旅游、文化于一体的产业，其产业形式主要包括以下五项：一是赛车制造，包括赛车的研发、设计和生产，以及相关零部件的制造。这个领域需要大量的研发资金投入，以追求更高的性能和更轻的重量。二是赛车比赛，包括各个级别的赛车比赛，如方程式赛车、房车比赛等。这些比赛不仅是速度和技术的比拼，也是品牌和商业的竞争。三是赛车营销，包括赛车的推广、赞助、广告等。赛车比赛的高速度和刺激性能够吸引大量观众，因此也成为品牌推广的热门选择。四是赛车旅游，随着赛车比赛的普及和受欢迎程度的提高，越来越多的赛车场和赛道成为旅游景点，吸引着游客前来参观和体验。五是赛车文化。赛车运动不仅是一项运动，也是一种文化。包括赛车电影、书籍、模型等在内的各种文化产品，都不断丰富着赛车文化的内涵。

（五）航空运动产业

　　航空飞行运动休闲康旅模式是指旅游景区、旅游度假区、乡村旅游区等根据自身特点，建设特色航空飞行营地等航空运动设施，建立航空飞行营地和俱乐部，推广运动飞机、热气球、滑翔、飞机跳伞、轻小型无人驾驶航空器、航空模型等航空运动项目，构建以大众消费为核心的航空体育产品和服务供给体系。目前，我国整合东部地区与中西部资源，协作发展航空运动，综合考虑通用机场布局，打造"200公里航空体育飞行圈"。因此，航空运动产业是一个以航空资源为基础，集体育、旅游、娱乐于一体的新兴产业，其形式主要包括以下五类：一是通用航空，包括私人飞机、公务机、直升机等各类通用航空器的研发、制造、运营和服务。二是航空运动，如跳伞、滑翔伞、动力伞、热气球等各类航空运动项目的运营和服务。三是航空旅游，利用航空器开展的旅游活动，如空中观光、飞行体验等。四是航空培训，为各类航空运动和通用航空提供培训和训练服务。五是航空会展，举办各类航空展览和会议，推广航空技术和文化。

（六）特色运动产业

　　特色运动是指因地制宜、充分发挥自身资源禀赋优势和民族传统体育文化优势培育的地方特色赛事活动，旨在传承推广民族传统体育项目，发展武术、龙舟、舞龙舞狮等民族民间健身休闲项目，加强体育类非物质文化遗产的保护和发展。特色运动产业可以推动民族传统体育赛事电视转播市场化运作和新媒体传播技术发展，加强对相关民族传统体育创意活动的扶持，鼓励举办以民族传统运动为主题的群众性活动。民族特色运动产业是指以各民族传统文化和习惯为基础，结合当地自然环境、经济发展和市场需求，开发具有独特魅力和市场竞争力的体育运动项目及其相关产业链。这个产业旨在推动民族传统体育文化的传承和发展，促进地方经济和社会的可持续发展。

　　民族特色运动产业涵盖了多个领域，如体育赛事、体育旅游、体育器材、装备制造等。其中，体育赛事是民族特色运动产业的重要组成部分，通过举办各类民族传统体育赛事，可以吸引大量观众和参赛选手，促进当地旅游和经济发展。在发展民族特色运动产业的过程中，其内容开发主要包括以下四点：一是挖掘和保护民族传统体育文化。民族传统体育文化是民族特色运动产业的灵魂，通过深入挖掘和保护各民族优秀的传统体育项目和技艺，可以促进文化传承和创新发展。二是结合市场需求开发具有特色的体育项目。在开发民族特色运动项目时，需要结合市场需求和当地资源优势，以满足不同消费者的需求。三是加强产业协作和品牌建设。民族特色运动产业的发展需要加强产业协作和品牌建设，通过与相关产业的合作，形成完整的产业链条，提高产业的综合效益。四是推进体育赛事市场化运作。在举办民族传统体育赛事时，需要推进市场化运作，吸引更多的赞助商和投资方参与，提高赛事的商业价值®并扩大影响力。

（七）智力运动产业

智力运动休闲康旅模式是现代康养、旅游和智力运动呈现出高度融合的发展模式，三者是浑然天成的交集，也是相得益彰的"铁三角"。鉴于我国海量的智力运动用户群体，"智力运动+休闲康旅"新业态开始产生，并以一种创新模式推动产业间的融合与发展。智力运动本是"大脑的体操"，是"身心健康"的保证，也是老少皆宜的保养方式。无论是青少年、成年人，还是老年群体，智力运动与各个年龄阶层的人群的健康息息相关，开展围棋、中国象棋、国际象棋、机器人等智力运动，有助于活跃头脑，增进交流，使身心旷达舒畅。因此，智力运动产业是指以智力运动项目及其相关产业链的开发和运营为主要内容的产业。智力运动产业涵盖了多个领域，如智力运动赛事、智力运动俱乐部、智力运动器材和装备制造等。

智力运动产业的核心是智力运动赛事，这些赛事通常包括围棋、中国象棋、国际象棋等项目。这些赛事不仅吸引了大量的观众和参赛选手，也为赞助商和媒体提供了广泛的商业机会。智力运动俱乐部是智力运动产业的重要组成部分，这些俱乐部通常提供培训、比赛和社交等服务，为爱好者提供了一个交流和学习的平台。此外，智力运动器材和装备制造也是智力运动产业的一部分，这些产品包括棋盘、棋子、棋钟等，为参赛选手和爱好者提供了必要的工具，其建设内容主要包括以下五点：一是完善赛事体系和规则。智力运动赛事需要有完善的体系和规则，以确保比赛的公平公正和专业性。此外，赛事的组织和运营也需要专业化，以提高比赛的质量并扩大影响力。二是加强俱乐部建设和人才培养。智力运动俱乐部是智力运动产业的重要支撑，通过加强俱乐部建设和人才培养，可以提高整个产业的竞争力和可持续发展能力。三是推进市场化运作和品牌建设。智力运动产业的发展需要推进市场化运作和品牌建设，吸引更多的赞助商和投资方参与，提高产业的商业价值和影响力。四是创新产品和服务。随着消费者需求的不断变化，智力运动产业需要不断创新产品和服务，以满足不同消费者的需求。五是加强国际交流和合作。智力运动是一项全球性的运动，通过加强国际交流和合作，可以提高中国智力运动产业的国际影响力和竞争力。

第三节　温泉康旅产业

一、温泉康旅产业的基本内涵

温泉因含有丰富的矿物质元素对人体健康有诸多好处，其疗养保健功能一直以来都得到普遍认可。温泉主要通过以下三要素对健康产生影响：一是泉质，主要是水质、矿物质，由化学作用而产生影响。二是温泉水的物理作用，包括温度、浮力、静水压、动水压。三是温泉地的环境，包括气候、地形、海拔影响。温泉产生的作用是多方面的，日本温泉汤治文化和欧洲温泉水疗文化分别总结了温泉多个方面的作用，比如促进血液流动、排毒、增强人的免疫力、消除压力、美肌、排汗、调整内分泌、放松肌肉、放松身心等。我国强调温泉养生，提出"温泉三养"，即疗养、保养、休养，其中疗养是温泉的核心功能，为了治疗疾病、恢复健康；保养是为了养生；休养是为了放松身心、愉悦心情。

常见温泉水质及其对应疗效

碳酸泉：这种温泉的特性是水温比较低，能够促进血液循环，改善心脏及血管的功能。泡这种温泉时要慢慢地泡。刚开始泡时，泉水是冷的，渐渐地就会变热，所以使人全身暖和及舒服起来，而且不会发生心脏跳动变快的现象，对心脏的负担较少，但是不适合有肾脏病及肠胃不好的人。碳酸泉对高血压、心脏病、风湿病、关节炎及手脚冰冷等有改善的作用。

硫磺泉：泡这种温泉能够止痒、排毒及解毒，所以是治疗慢性皮肤病最好的方法，而且还有软化皮肤角质层的作用。但是身体不好或是年纪大的人在泡这种温泉时，需要特别注意安全，而且在泡的时候，最好不要跟肥皂一起用。

食盐泉：这种温泉又叫作盐泉，泡了之后，盐分会黏在皮肤上面，可以改善皮肤的组织，泡这种温泉很适合皮肤不好的人。食盐对手脚冰冷、贫血、糖尿病及过敏性支气管炎等有改善的作用。不过，有肺结核及高血压的人不适合泡这种温泉。

碳酸氢钠泉：这种温泉对皮肤有滋润、漂白及软化皮肤角质层的作用，女生很适合泡这种温泉。同时，对于烧伤或者烫伤的人，泡这种温泉也有消炎、去疤痕的作用。

单纯泉：这种温泉比较暖和，而且无色无味，能够促进血液循环，有减轻疼痛的作用，很适合年纪大的人泡。这种温泉对中风、神经痛等有很好的作用。

资料来源：重庆市旅游协会温泉旅游分会官网。

中国学界对温泉康养旅游的含义进行了界定。王永强提出温泉康养旅游是旅游者亲身体验温泉水，通过水温、水中含有的矿物质和微量元素物化作用及环境的影响，得到一种感觉，是一种精神的、生理的、体能的享受，是身、心、魂的升华。刘笑辉提出："所谓温泉康养旅游，是指以康养为主要目的，以温泉为载体，利用温泉体验、健康咨询、运动健身、营养膳食、健康教育、修身养性、文化活动、亲近自然、关爱环境等各种有利于健康的综合手段，以保持和促进游客在身体、心智和精神上的平衡与良好状态的各种温泉旅游活动的总和。"谢璐在研究中明确指出："新一代温泉康养旅游是指旅游者以体验温泉文化，感悟温泉精神，享受温泉保健养生、休闲、度假为目的的旅游。温泉康养旅游将休闲度假旅游与温泉养生功能完美结合，被誉为'朝阳产业中的朝阳'。"综上所述，温泉康旅产业是一种利用温泉的特殊地理环境和丰富的温泉资源，结合温泉浴疗、康体健身、休闲度假、保健疗养等多种功能，为游客提供健康、舒适、放松的旅游体验产品和服务的集合。

二、温泉康旅产业的发展概述

(一) 国外温泉康旅产业的发展概述

1. 欧洲

一是早期的温泉度假康旅。温泉度假康旅源于古希腊与罗马帝国时代的温泉疗法。古希腊医师认为，人的疾病可以采取特定的方法从大自然中摄取相关的元素进行医治，这种特定的调节身体元素平衡的方法就包括温泉疗法。到了罗马帝国时代，温泉的治疗作用受到人们的重视，温泉疗法也开始在民间盛行，民间修建了大量用于公共沐浴的温泉浴场，兼具保健和社会交往的功能。1326年，第一个温泉疗养地"斯巴"（SPA）被修建，SPA后来也演化为温泉旅游度假区的代名词。之后，多名医生通过著书、口头宣讲等方式对温泉的疗效进行了宣传介绍，温泉疗法受到了众多有治病需求的人群的欢迎，市场上也涌现了一大批以治疗为主要功能的温泉疗养地。早期的温泉疗养地没有任何的休闲娱乐设施，配套的住宿设施等也较为简陋，着重强调温泉的疗养功能，是温泉旅游度假区的发展雏形。该时期人们普遍关注温泉的疗愈效用，医疗专家的宣传更具权威性和科学性，因此对当时各温泉疗养地的品牌形成和发展起着至关重要的作用。

二是以治疗为主、休闲为辅的传统温泉旅游度假区。文艺复兴®后，欧洲各国经济增长，人们的休闲生活趋于多元化和丰富化，温泉开发逐渐兴盛。与此同时，相对富有的欧洲新贵阶级在进行温泉活动时，倾向于选择高端的住宿和休闲设施来彰显自身身份与地位的独特性，因而温泉疗养地一改过去迎合治病人群的设施风格，高档的住宿设施和个性化的服务设施开始出现。到18世纪中叶，温泉疗法成为一种流行于贵族之间的新兴的减肥方法，"享受温泉成为当时人们的一种时髦"，市场上也涌现了数量众多的兼具治疗和休闲性质的温泉浴场。该时期的温泉疗养地仍以治疗为导向，但同时为了迎合上流社会富裕阶层的需要，开始出现各类休闲服务设施，如戏剧院、歌剧院、舞厅、娱乐场等，温泉疗养地逐渐演化成为以治疗为主、休闲为辅的传统温泉旅游度假区。

三是治疗与休闲并重的现代温泉旅游度假区。19世纪工业化快速发展，都市环境日益恶化，与此同时，欧洲中产阶级规模扩大，个人可自由支配财富增多，大众休闲康养的需求快速增长，兼具治疗和休闲性质的温泉旅游度假区更受市场欢迎，迎来了新的发展机遇。第二次世界大战结束之后，欧洲大部分温泉浴场成为战后伤员康复与疗养的专用场所，该时期西方国家不断完善医疗保险制度，将温泉等疗养地的康复活动纳入医疗保险支付的范围，促进了温泉疗养地的发展。但是，过于偏重康复医疗的功能导向，使得温泉疗养地聚集了大量的康复人群和老年群体，在一定程度上损害了温泉疗养地的声誉，给市场留下了"沉闷无趣"的刻板印象，限制了温泉疗养地的进一步发展。

直至20世纪末，欧洲部分国家将温泉酒店和疗养机构从医疗保险报销的名目中剔除，温泉疗养地丢失了大量以康复、治疗为目的的顾客。为了应对这一现状，温泉疗养地开始完善健康配套服务，希望吸引新的客源群体。与早期温泉疗养地和传统温泉旅游度假区不同的是，该时期的温泉度假区在强调温泉治疗功效的同时，更加重视为顾客提供高品质的接待和餐饮服务，通过与温泉产品的结合起到恢复身心和预防健康问题的效果。表3-2总结了欧洲温泉旅游地的各阶段发展特征。

表3-2 欧洲温泉旅游地的各阶段发展特征

类型	时间		
	17世纪以前	17世纪晚期—19世纪	19世纪以后
接待对象	"求治"群体	上流社会富裕阶层	大众群体
开发形式	功能单一的温泉疗养地	传统温泉旅游度假区	现代温泉旅游度假区
功能	疗养	治疗为主、休闲为辅	治疗与休闲娱乐并重
兴起原因	医疗专家的宣传	经济增长，都市人群休闲需求丰富化	大众休闲康养需求快速增长；医疗制度改革

资料来源：邓巧巧，黎耀奇. 中国康养产业发展报告（2021）［M］. 北京：中国社会科学文献出版社，2022.

2. 日本

一是日本温泉康旅古代与近代发展。传说远古时代，日本的医疗之神少彦名神就发现了道后温泉，可见日本人很早就会利用温泉。但是日本温泉文化的形成，客观上是受中国温泉文化的影响，加以日本式创造的结果。日本人称温泉为"汤"，"汤"是热水、开水的意思，词源来自中国。日本人泡温泉的历史可以追溯到绳文时期，日本温泉的发展，经历了由贵族化向平民化转变的过程。史料记载，日本温泉在古代主要供皇室、贵族、官宦，以及具有特殊身份与地位的人享用，只是到了近百年来，才逐渐平民化。

在日本的《古事记》《日本书纪》等古老历史文献中就有关于泡温泉的详尽描述，说明在很久以前日本人就已经学会了利用温泉。到了奈良时代（710—784年），由于佛教的传入，各地兴建寺庙，其中僧侣们的沐浴对温泉开发起到了很大的促进作用，在那时人们就已经发现了温泉的治疗作用。在室町时代（1336—1573年），温泉成为达官贵人等的休闲娱乐场所，并不对一般民众开放。到了安土桃山时代（1573—1603年），温泉已经很广泛地被用于治疗负伤的士兵，尤其是在甲州和信州，武田信玄以及真田幸村等战国武将们都有自己的"秘汤"。到了近代的江户时代（1603—1868年），由于医学还不是很发达，温泉的医疗效果备受重视，从而得到了很大程度的开发。在这个时期，不光将军、名流间盛行温泉治疗，一般民众也开始享受温泉。

二是现代日本温泉度假。日本位于太平洋与亚洲板块的结合处，多火山地震，也多温泉，是亚洲温泉最多的国家之一，全国有2 600多处温泉、7.5万家温泉旅馆，每年有1.1亿人次使用温泉，素有"温泉王国"的美誉。日本温泉康养旅游发展至今，以和谐优美的环境、独具地域特色的餐饮和住宿环境、健全的健身训练设施和高品质的服务等，为游客提供了优质的温泉康养体验，成为日本旅游界的一张名片。日本人创造了独具特色的"汤治文化"，并发展成为最受游客欢迎的日本SPA温泉康旅项目。日本的温泉不仅数量多、种类多，而且质量很高，各地几乎都有有名的温泉，例如大分县的别府温泉、静冈县的热海温泉、群马县的草津温泉和鹿儿岛的砂蒸温泉等。

（二）中国温泉康旅产业的发展历程

1. 中国古代温泉康养历史

中国是世界上温泉最多与利用最多的国家之一，在许多古籍、诗文和碑帖中均可找到关于温泉疗养的典故和记述。在古代的文献中，温泉多被称为"汤"或"温汤"。先秦《山海经》就有关于"温泉"的记载。到了秦始皇时，建"骊山汤"治疗创伤，并通过徐福将"汤"的概念带到了日本。传说徐福为秦始皇寻找长生不老的灵药，辗转漂流到日本的歌山县，至今当地仍保留着"徐福之汤"温泉浴场。东汉张衡写下了《温泉赋》赞美温泉的"六气淫错，有疾病兮"。在北魏《水经注》里多次提到"大融山石出温汤，疗治百病""温水出太一山，其水沸涌如汤"等，从这些文献资料当中都可以断定在北魏时代，温泉已经开始被人们发现与利用。

需要强调的是，关于中国温泉康养旅游，严格来说主要是现代的事。但温泉康养旅游、休闲娱乐的潜意识和思想萌芽自古有之，这主要源于封建帝王的享乐需求。以北京小汤山泉为例，据称辽代萧太后曾在此泡温泉，自元代起被辟为皇家园林，为历代帝王专享。明武宗曾留下"泡海隆冬也异常，小池何自暖如汤。融融一脉流股筋，不为人间洗冷肠"的诗句。康熙五年在小汤山修"汤泉行宫"，咏诗称赞，乾隆皇帝还曾在此留下行宫听政的佳话。由此可见，当年帝王权贵对温泉的享用，不像平民白姓，只是用米洗浴和疗病，而是把它当作一种专门的、高贵典雅的休闲娱乐场所，其气势与豪华远超当今的温泉楼馆，成为我们今天温泉康养旅游所模仿的一种经营方式和风格。诚然，古时皇家温泉宫的享用，不是现今理念上的温泉康养旅游，普通民众不敢企及，但它却蕴含着温泉康养旅游思想的萌芽。

2. 新中国成立后温泉康旅产业的发展历程

新中国成立后，当温泉作为旅游资源被开发利用起来之后，温泉旅游随之出现。温泉旅游作为一种休闲度假方式，在发展的不同阶段具有不同的特征。中国温泉旅游发展至今，无论从活动空间、开发利用形式、温泉的功能、温泉旅游产品等方面都呈现出多样化的特点。改革开放前以"公休疗养"形式出现的"工人温泉疗养院""干部温泉疗养院"等温泉康养机构，尚不具备温泉旅游的功能。

20世纪80年代至20世纪90年代中期，温泉康旅产业由公费休养性质向休闲度假旅游发展，如广东省的从化温泉、中山温泉，辽宁省的熊岳温泉疗养院、安波温泉疗养院，北京的龙脉温泉疗养院等，这标志着中国温泉旅游事业真正发展起来，温泉开发开始具有旅游的性质，但该阶段的温泉多处于简单的沐浴阶段，尚未全面体现温泉的康养功能。

20世纪90年代中期至20世纪末，以观光旅游、休闲度假、保健疗养等功能为主的大型综合温泉旅游度假村，在全国特别是南方地区不断涌现，温泉旅游开发成为一股热潮，这标志着中国的温泉利用进入一个新的阶段。清新河中温泉、珠海御温泉等相继开放，标志着中国综合性的温泉旅游由此兴起。

21世纪初的前10年，中国温泉开发从休闲旅游为主向温泉养生度假为主转变。在这一阶段，温泉旅游与康养真正结合起来，其最大的特点是与SPA紧密相连，提供高档次、专业化的康养服务项目，以"精致化、小型化、私密性"的方式经营。如广东的御临门温泉度假村、广东清远温矿泉的贵族式欧陆温泉、云南丽江的悦榕庄、四川九寨沟的九寨天堂等都非常具有代表性。

近10年温泉旅游发展呈现百花齐放的情况。这一阶段温泉发展的最高目标是生命健康，其康养性、休闲性、文化性、服务性的功能有所加强，产品形式和开发模式也更加多元化。如出现了森林温泉、火山温泉等多种文化主题，音乐理疗温泉、喷涌按摩温泉等多种温泉泡浴方式，以及温泉饮食文化、温泉茶水文化、温泉泼水文化等。不同的温泉风格给了旅游者更多选择，温泉康养旅游走向大众化，旅游相关报道见报率提高，引起社会广泛关注。如今，中国温泉旅游也逐步成为世界温泉[20]旅游的一张靓丽名片。

三、温泉康旅产业的发展类型

（一）温泉会议产业

温泉会议是一种将温泉资源与会议功能相结合的旅游模式。在这种模式下，温泉度假景区不仅提供温泉泡浴等休闲娱乐设施，还提供会议设施和服务，满足商务会议、学术研讨等需求。温泉会议通常包括以下三个方面的内容：一是会议设施，提供多个会议室和多功能厅，满足不同规模和需求的会议需求；提供先进的会议设备和专业的服务团队，确保会议的顺利进行。二是温泉资源。利用温泉资源为参会人员提供舒适的泡浴环境，缓解疲劳，促进身心健康。三是休闲娱乐。提供各种休闲娱乐设施，如健身房、游泳池、桑拿房等，让参会人员在会议之余享受轻松愉快的度假时光。

（二）温泉景区产业

温泉景区是指以温泉资源为基础，集休闲、娱乐、养生、会议等多种功能于一体的综合性旅游景区。温泉景区的特色在于将温泉资源与景区建设相结合，以温泉为主题，打造一系列相关的旅游项目和设施，吸引游客前来旅游。温泉景区通常包括以下五个方面的内容：一是温泉泡浴区。提供优质的温泉水资源，建设多个泡浴池，以满足不同游客的需求；还可以结合中医养生理念，推出各种养生泡浴项目。二是休闲娱乐区。提供各种休闲娱乐设施，如健身房、游泳池、桑拿房等，让游客在度假过程中享受健康的生活方式。三是会议区。提供多个会议室和多功能厅，以满足不同规模和需求的会议需求。四是餐饮区。提供各种美食和饮品，以满足游客的口味需求。五是住宿区。提供各种类型的住宿设施，如标准间、套房等，以满足不同游客的住宿需求。

（三）温泉度假产业

温泉度假是一种以温泉资源为核心，结合休闲、度假、养生等多种元素，为游客提供全方位、高品质的旅游体验的模式。温泉度假通常包括以下四个方面的内容：一是温泉泡浴。提供优质的温泉水，让游客在舒适的环境中享受泡浴的乐趣，同时达到放松身心、舒缓压力的目的。二是养生休闲。提供各种养生设施和服务，如瑜伽、SPA等，让游客在度假过程中享受健康的生活方式。三是度假设施。提供舒适的住宿、餐饮、娱乐等设施，让游客在度假过程中享受全方位的服务。四是户外活动。结合温泉资源，开展各种户外活动，如徒步、露营、骑行等，让游客感受大自然的魅力。

第四节　医疗康旅产业

一、医疗康旅产业的基本内涵

随着医疗、康养、旅游进一步融合发展，医疗康旅的内涵也得到了进一步的丰富。医疗康旅是将旅游和治病、疗养、保健结合起来的一种旅游形式。旅游者可以根据自己的病情、医生的建议，选择合适的游览区，在旅游的同时进行治疗。随着人们对旅游业有了更深层次的认识，人们对旅游产品的需求日趋多样化，各类专项旅游，如学艺旅游、猎奇旅游、寻婚旅游、劳务旅游等旅游项目因此而得到开发，医疗康旅就是在这种状况下逐渐兴起，并派生出康复旅游、保健旅游、健身旅游等多种分支项目。医疗康旅产业是一种将医疗保健和旅游服务相结合的产业，旨在为游客提供全面的健康管理和旅游体验，促进身心健康和生活质量的提高。旅游者可以根据自己的病情、医生的建议，选择合适的游览区，在旅游的同时进行治疗和恢复身体健康。

二、医疗康旅产业的发展概述

（一）国外医疗康旅产业的发展概述

医疗康养旅游可以追溯到几千年前，从18世纪开始，富有的欧洲人从德国旅行到尼罗河进行温泉疗养，这是医疗康旅的典型雏形。

1. 追溯起源阶段（公元前 6 世纪）

医疗康旅这种模式源于古希腊和比利时。在追溯起源阶段，医疗康旅以"治"为唯一形式，供求关系模糊。医疗康旅在这一阶段主要表现为以患者个人需求为导向，以硬性自然医疗资源为根本，利用复合医疗技术等软性医疗资源，跨越地区进行治病求医。

2. 初步形成阶段（20 世纪 90 年代）

在这一阶段，医疗康旅以"治"为主，之后"疗"才逐步进入人们的视野，其主要特点是以丰富医疗资源及高超医疗技术吸引外来患者。20 世纪 90 年代，发达国家拥有先进的医疗技术和水平，因而吸引了医疗落后的其他国家的富有医疗旅游者前往就医旅游。至此，以西方为代表的软性医疗资源强国进入了医疗旅游产业化时代。

3. 规模化体制化发展阶段（21 世纪以来）

进入 21 世纪后，医疗康旅发展到了度假医疗阶段，在这一阶段"治""疗"并举，旅游、休闲占比越来越大，医疗资源及旅游资源并举开发，同时吸引"治""疗"两类人群。在这一阶段发展中国家的医疗水平大幅提高，度假环境不断优化，发达国家与发展中国家的医疗旅游者开始相互流动。

（二）中国医疗康旅产业的发展概述

1. 以医治为单一形式的"康"旅游模式（2018 年以前）

在这一时期支撑中国医疗康旅产业高质量发展的条件还不是很成熟，主要有以下三点原因：一是中国的人口众多，医疗资源有限，高端医疗器械在很大程度上需要从国外进口；二是中国居民可支配收入有限，且当时中国的医保制度还不完善和健全，绝大多数人并没有足够的收入用于医疗康旅的"疗养"和"旅游"；三是在当时中国还缺乏促进医疗康旅高质量发展的政策机制。基于以上三点原因，中国在 2018 之前医疗康旅的发展还是以"医治"和"康复"为主，重点突出的仍然是医疗。

2. 以医疗资源为核心、以疗养为辅助的"康、养"双轨模式（2018 年至 2020 年）

随着中国经济的发展和医疗水平的提高，在这一阶段中国的医疗康旅产业不再突出医疗这个最基本的元素，开始逐渐转向养生、康复、预防保健等。随着新建的医养结合机构或医院转型为养老机构或护理院的增多，社会强调医和养并重发展。新建的大型养老机构，同步配套建设综合医院或护理院，实现医疗、养老并重发展。一些资源闲置的医疗机构将富余资源转型为养老服务，以开设老年专护病房或者直接转型为护理院、康复中心等方式提供医养结合型的医护服务。

3."康养"元素为主，"旅游"元素为载体的康养旅游模式（2020年以后）

这种模式将是未来中国医疗康旅产业发展的选择，也将成为中国的重点产业。但是，受经济发展水平和外部环境的影响，这种模式在中国的全面推广应用还需要很长的一段时间。目前中国医疗康旅的发展刚刚处于第三阶段，以"康养"元素为主、"旅游"元素为载体的康养旅游模式将是中国未来医疗康旅发展的方向。

政策文本

《"健康中国[1]2030"规划纲要》强调："坚持以人民为中心的发展思想，牢固树立和贯彻落实新发展理念，坚持正确的卫生与健康工作方针，以提高人民健康水平为核心，以体制机制改革创新为动力，以普及健康生活、优化健康服务、完善健康保障、建设健康环境、发展健康产业为重点，把健康融入所有政策，加快转变健康领域发展方式，全方位、全周期维护和保障人民健康，大幅提高健康水平，显著改善健康公平，实现'两个一百年'奋斗目标和中华民族伟大复兴的中国梦提供坚实健康基础。"

三、医疗康旅产业的发展类型

（一）医疗康养服务产业

医疗康养服务是一个广泛的领域，涵盖了医疗、康复、保健、养生等方面，旨在为人们提供全面的身心健康服务，包括各种医疗机构、康复中心、疗养院等提供专业的医疗服务，如诊断、治疗、手术等，以及康复疗养服务。一些著名的旅游城市具有完善和先进的医疗康养服务功能，成为医疗康旅产业发展的重要聚集地，也是预防医学[2]技术的前沿阵地。医疗康养服务产业的发展需要依靠多个领域的专业知识和技术，如医学、护理、康复科学、心理学等。同时，医疗康养服务产业也需要注重服务质量和服务效率，以满足患者的需求和期望，其服务内容主要包括以下五点：一是医疗护理，包括诊断、治疗和护理等方面的服务，如内科、外科、儿科、妇产科等。二是康复服务，为患者提供康复训练和指导，包括物理治疗、职业治疗、语言治疗等。三是健康咨询，提供健康方面的咨询和建议，如营养指导、心理健康咨询等。四是健康检查，提供各种健康检查服务，如体检、癌症筛查等。五是疾病预防，通过各种方式预防疾病的发生，如健康教育、疫苗接种等，以达到维持健康的标准^⑦的目的。

（二）健康管理服务产业

健康管理服务产业是大健康^⑦产业的一个重要组成部分，主要涉及健康信息的收集、评估、提供个性化健康方案和干预措施等方面，例如健康体检、健康咨询、营养指导、健身指导等，旨在帮助人们了解自己的健康状况，特别是针对一些慢性病管理服务，如糖尿病、高血压等，提供病情监测、药物治疗、生活指导等专业管理服务，进一步提高康旅需求游客的生活质量。健康管理服务一般包括：一是健康信息收集，即通过各种方式获取个人的健康信息，包括定期体检、健康问卷、生物样本检测等。二是健康水平评估，即对收集到的健康信息进行分析和评估，以了解个人的健康状况和患病风险。三是健康咨询指导，即根据健康评估结果，提供个性化的健康咨询和指导，包括饮食、运动、生活方式等方面的建议。四是健康干预措施，即针对个人的健康问题，制定并实施一系列的干预措施，如药物治疗、营养补充、康复训练等。五是健康教育促进，即通过各种方式宣传健康知识，提升公众的健康意识和自我保健能力。一些适宜康养旅居的地区会提供优质的健康管理服务，以吸引旅游者前来度假，这已成为医疗康旅产业的重要组成部分。

（三）康复护理服务产业

康复^⑦护理服务是康复医疗领域的一个重要组成部分，旨在为康复患者提供专业的护理和照料服务，帮助他们恢复身体功能和生活自理能力，一般针对老年人、残疾人等需要康复护理的人群，提供专业的护理服务，如康复训练、生活照顾等。康复护理服务涉及的服务内容一般包括：一是康复护理评估，即对康复患者的身体状况、心理状况和康复需求进行评估，制订个性化的康复护理计划。二是康复基础护理，即对康复患者的日常清洁、喂食、翻身、拍背等基本护理服务，以及针对康复患者的特殊护理需求提供服务。三是康复专业护理，即对康复患者康复器械的使用、康复训练的指导和协助、日常生活能力的训练等，旨在帮助患者恢复身体功能。四是康复支持服务，即对康复患者的心理疏导、家属培训和健康教育等，旨在帮助患者及其家庭应对康复过程中的各种问题。完善的康复护理服务是高端养老度假旅游目的地的重要服务内容，可以为医疗康旅产业高质量发展提供有效支撑。

第五节　文化康旅产业

一、文化康旅产业的基本内涵

康养旅游不仅要以优质的自然资源为基础，传统的养生风俗和文化也是康养旅游的重要依托。文化养生康旅是以传统文化为载体、以旅游为主体、以康养为支撑的一种新兴旅游方式，通过改造与修缮城市街区或文化村落，大力挖掘当地的养生习俗与文化遗产，秉承融入文化生态设计理念，在保留传统文化的同时，有效发挥文化养生功能。文化康旅产业是一种将文化、养生和旅游服务相结合的产业，旨在为游客提供具有文化内涵和养生功能的旅游体验。在文化养生康旅产业中，游客可以参加各种文化活动，如参观博物馆、历史遗迹等，了解当地的文化历史和特色。文化康旅的实质是文化旅游[75]的一种特色形式，可以为游客提供关于康养文化的沉浸式体验[76]。

二、文化康旅产业的发展概述

（一）国外文化康旅产业的发展概述

1. 瑞士

瑞士文化康旅产业起步较早，于 20 世纪 50 年代初开始发展并逐渐成为瑞士的重要产业之一。瑞士的医疗水平和保健设施在全球处于领先地位，得到全球市场认可，瑞士以其医疗水平和保健设施为基础，以其著名的阿尔卑斯山脉为依托，加之温泉、滑雪等特色，吸引了全球大量游客。随着瑞士文化康旅产业的快速发展，瑞士的酒店业也被纳入文化康旅总体发展中。瑞士以其高品质服务和独特的文化氛围为文化康旅注入了更多的文化内涵和吸引力，并发展为全球重要的文化养生康旅目的地之一。

2. 美国

美国文化康旅发展历程始于 20 世纪 60 年代，在美国人口老龄化日趋明显的现实背景下，文化养生康旅市场迅速扩大，为美国发展文化养生康旅提供了较大发展空间，高尔夫球、瑜伽、冥想课程等高品质产品吸引了大量游客，文化康旅成为老年人和退休人员的重要选择。美国文化康旅从最初的度假村建设到康复、理疗、休闲设施的建设，加之政府、企业等多元主体的积极参与，整体发展规模和全球影响力不断扩大。

3. 日本

日本文化康旅发展历程始于 20 世纪 80 年代，随着日本经济的繁荣发展，日本国民更加注重身心健康，传统文化与医学和旅游相融合的方式受到日本旅游市场的青睐，日本政府开始出台系列康养旅游的相关政策支持文化康旅产业发展，日本各地区开始结合其传统文化和自然风光推出森林浴、温泉疗养等文化康旅产品。同时，根据不同人群的文化需求特点，日本开发了不同文化康旅产品，吸引了全球众多国家的游客前去体验。

（二）中国文化康旅产业的发展概述

中国的文化康旅以特有的中医药养生观、中华茶文化[78]和太极文化为核心，是在继承我国优秀传统养生文化的基础上实现创新发展的，其发展历程分为追溯起源阶段、初步探索阶段和深入发展阶段。

1. 追溯起源阶段

我国文化康旅观念可以追溯到古代的哲学思想和宗教信仰，在《庄子》中最早出现"养生"的概念，道家、儒家、佛家等学派都有自己的养生之道，道家注重"道法自然"，即强调养生需要顺应自然规律；儒家强调"修身齐家治国平天下"，即强调通过自我修养实现身心的和谐统一；佛家主张"因果报应"，即强调通过修行达到心灵的平静和身体健康。我国古代养生包括饮食、起居、运动、呼吸、音乐等多种形式，其中，太极拳、八段锦、五禽戏[79]等成为古人养生的常见养生运动。另外，对人体经络[80]的刺激，也成为古人保健养生的一种手段。我国中医古典《黄帝内经·素问》中提出"五谷为养、五果为助、五畜为益、五菜为充"的养生之道，为现代文化养生康旅奠定了深厚的思想哲学基础。

2. 初步探索阶段

我国文化康旅初步形成阶段始于 20 世纪 80 年代初，随着我国改革开放政策的实施和旅游业的逐步兴起，文化和养生结合发展开始出现热潮，文化养生度假产品开始出现，文化养生康旅的初步探索从大城市和沿海地区开始展开，消费群体主要是大城市的高收入人群，一些旅游机构也开始推出中医养生、瑜伽养生等系列产品，文化养生康旅雏形开始出现。文化养生康旅的初步探索是人们开始注重旅游过程中文化体验和养生保健的重要体现。

3. 深入发展阶段

随着文化康旅市场的不断扩大和竞争的加剧，文化养生康旅开始注重产品的创新和提升。进入 21 世纪，文化养生康旅领域在继续加强基础设施建设的基础上，不断加强对我国优秀传统文化的挖掘，开发出更多具有文化内涵的养生康旅项目。同时，文化养生康旅更加注重跨部门、跨行业合作，并加强了对现代化信息工具的有效使用，通过探索数字化营销和智能化服务等方式，进一步提升了文化养生康旅的产品竞争力和市场占有率。

三、文化康旅产业的发展类型

（一）文旅康养产业

文旅康养产业是一种以康养文化的旅游体验为核心的康养产业，将康养文化和旅游体验相结合，为游客提供全新的康旅体验产品和服务。文旅康养产业通过深入挖掘旅游目的地康养文化底蕴，为游客提供更加全面和深入的康养服务，让游客能够深入了解当地康养文化底蕴、切身感受当地康养文化氛围，从而更好地理解当地康养文化传统和历史演变，提升文旅康养的价值，进一步提高旅游体验的品质。因此，文旅康养产业是文化、旅游和健康养生等产业相互融合的综合性产业。这个产业将文化、旅游、健康、养生等元素有机结合，旨在为消费者提供更加全面和优质的服务，以促进身心健康和全面发展。

典型案例

2019 年 4 月 13 日，桂台康养美食文化交流暨台湾名品展销活动在广西南宁举行，吸引了不少喜爱美食和台湾名品的民众前往品尝和购买。

本次桂台康养美食文化交流暨台湾名品展销活动为 2019 年欢度"壮族三月三"活动的项目之一。当天共有 18 家企业联合开展展销活动，为南宁市民带来地地道道的台湾康养产品，前来参加"壮族三月三"活动的表演团也莅临现场，为南宁市民奉献原汁原味的台湾原生态歌舞。

本次活动突出"广西风情+台湾元素+文化创意"特色。在展销会现场的台湾名品区，来自台湾的鲍鱼卷、手工风味酱、海鸭蛋黄酥等美食，让不少前来品尝的民众大饱口福，而独具特色的少数民族手工艺品等也令顾客们目不暇接。在广西主题区，老友粉、南宁粉饺、五色糯米饭等特色小吃也赢得民众的好评。

　　资料来源：中国新闻网。

（二）美食养生产业

　　美食养生产业是一种将美食和养生相结合的康养旅游产业，通过为游客提供具有养生功效的美食，满足游客对健康和养生的需求，旨在提升游客的健康水平和生活质量。世界三大菜系[①]影响全球美食发展。美食养生体验模式是文化康旅的一种重要体验方式，核心理念是以食为养，通过合理的饮食来促进身心健康和养生。游客可以通过参与制作当地美食、品尝特色美食、参加美食烹饪课程等方式深度体验美食文化，从而达到疗养和治愈的目的。因此，美食养生产业是指将美食与养生相结合的产业，主要涉及食品、饮品、餐饮等方面的服务。这个产业旨在通过提供健康、美味、营养的食品和饮品，满足消费者对健康和口感的需求，提高生活质量，主要包括以下内容：一是健康食品，包括各种有机食品、绿色食品、功能性食品等，强调无添加、低糖、低脂、高纤维等特点。二是养生饮品，包括各种健康茶饮、果汁、咖啡等，强调无糖、低卡、天然等特点。三是营养餐，为消费者提供科学合理的营养餐，以满足不同年龄段和健康需求。四是餐饮服务，提供高品质的餐饮服务。

典型案例

　　2018年，广西河池市大化瑶族自治县依托丰富的特色食材和旅游资源，以创建广西全域旅游示范县为抓手，以康养美食产业为龙头，以山水风光、民族文化为两翼，以建设中国康养美食旅游目的地为目标，全力打造"康养福地·美食之乡"品牌。

　　该县被列为广西全域旅游示范区第二批次创建单位，自治区级旅游重大项目红水河健康养生之旅——瑶泉生态旅游度假区项目开工建设。达吽美食小镇、巴马国旅区基础设施大会战3年行动计划等项目扎实推进，"城在景中、景中有城"的瑶山水城日渐成形，"康养福地·美食之乡"的名片渐入人心。2018 年，该县接待国内外游客人数 207 万人次，旅游总消费 25.5 亿元。

大化白玉薯获得农业农村部农产品地理标志登记，大化成锋家庭农场通过绿色食品产地验收，红河野生鱼肉干被评为广西好食材上榜产品，七百弄鸡被评为广西十大好吃鸡。"瑶香里"牌大米、"九娘河"和"金沃妙果"牌富硒沃柑通过富硒产品认证。全县"三品一标"农产品达 26 个，无公害农产品种植面积达 13.93 万亩，绿色食品种植面积达 5 万亩，该县共推出鱼羊韭鲜汤等上百个特色名菜，"壮瑶大席"被列入广西十大名宴。在第七届广西民族地方特色美食大赛和全国烹饪技能竞赛中，大化县有 11 个菜品获得特金奖、10 个菜品获得金奖。大化县成功举办康养美食暨全域旅游发展研讨会；在健康有道·相约大化——广西健康产业投资合作推介会上，全国营养健康产业委员会授予大化"中国康养美食之乡"称号，中国食品安全报社授予大化"全国生态食材示范基地"称号。

资料来源：搜狐网。

（三）传统医养产业

传统医养产业是一种以中国传统医学理论为指导的康养产业，通过运用中医、蒙医、苗医、藏医[62]等传统医学理论和方法，为游客提供全面的医药文化养生体验，是文化康旅的重要组成部分。传统医养模式注重为游客提供健康管理和预防保健服务，游客可以参加中医养生、针灸疗法、推拿按摩等体验活动，以了解和感受传统医学的魅力，获得更好的养生效果和文化感受。同时，传统医养模式还为游客提供了健康状况评估服务，游客可以通过健康状况评估了解自己的身体状况和养生需求，并得到针对性的养生指导和方案。因此，传统医养产业是指以传统医学和养生理念为基础，提供医疗和养生服务的产业。这个产业旨在通过提供中医诊疗、康复疗养、保健养生等服务，满足消费者对健康和养生的需求，提高消费者生活质量，其形式主要包括以下三种：一是中医诊疗，提供中医内科、外科、妇科、儿科等诊疗服务，采用中药、针灸、推拿等传统医学治疗方法。二是康复疗养，为患者提供康复训练、温泉疗养、中医养生等康复疗养服务，促进患者康复和身心健康。三是保健养生，提供各种保健养生服务，如太极拳、八段锦、艾灸、拔罐等，以及健康咨询、营养膳食等服务。

典型案例

龙山文化康旅项目位于任丘市西北部的哑叭庄村（现地名皇店），说起哑叭庄村，就不得不提起这个独特的村名的由来：乾隆下江南时住在行宫，行宫原址位于哑叭庄村北部，天明时分，未听到鸡鸣、狗叫之声，乾隆皇帝随口说道："鸡不叫，狗不咬，此乃哑叭村也。"哑叭庄也由此而得名。哑叭庄龙山文化遗址，距今约5 000年，是国家级文物保护单位；共发掘面积1 300平方米，发现不同时期的灰坑130个。作为渤海湾地区遗存最丰富的龙山文化遗址，在这里出土文物1 000余件，现已由中国人民大学考古系修复完成。这些远古的遗存，将在龙山文化博物馆内重新展现。

春秋战国时期黄河流域出现了两个重要人物：一个专注于教化人的思想，成为后世中国人的精神导师，名曰孔丘；另一个致力于拯救人的身体，被历代千秋尊为"中医之祖"，名曰扁鹊。

扁鹊诞生于历史上的任丘，为古代中医学做出了卓越贡献，他确立的"望闻问切"四诊法，成为中医纲领。任丘作为扁鹊起源之地，拥有极深厚的中医药基础，龙山文化康旅项目中的扁鹊药王祠和中医药文化体验馆全方位展现了扁鹊传奇的一生，让游客近距离了解中国国粹——中医药文化，体会中医药文化的博大精深。

在龙山文化康旅项目规划中不仅仅有源远流长的文化旅游板块，还有其他两大板块：一是温泉娱乐板块，主要包含入口服务区、鱼妈妈温泉欢乐营、龙康鸟儿美食街、龙康温泉大酒店；二是养生养老板块，主要包含长乐洋房、颐乐公寓、颐养学院、健康管理中心、文化艺术中心。在龙山文化康旅项目中，文化与休闲养生相得益彰，即将成为任丘全域旅游的城市名片。

资料来源：凤凰网。

第六节　美容康旅产业

一、美容康旅产业的基本内涵

美容是指借助各种手段来改善容貌和仪态的过程，例如使用化妆品、保健品等对个体的皮肤进行护理，或是通过医学手段进行容貌修复和再塑，美容可分为生活美容、医学美容和医疗美容。美容康旅产业是一种将美容、疗养和旅游服务相结合的产业，旨在为游客提供具有美容和养生功能的旅游体验。在美容康旅产业中，游客可以参加各种美容活动，如皮肤护理、SPA 等，以改善皮肤状况和保持年轻状态。同时，游客还可以参加各种疗养活动，如温泉浴疗、中医养生、瑜伽等，以缓解压力、放松身心，促进游客身心健康。

二、美容康旅产业的发展概述

（一）国外美容康旅产业的发展概述

1. 初期阶段

国外整形美容技术的记载最早可追溯到公元前 6 世纪，美容的发展历程可追溯到古希腊和古罗马时期。在这个时期，人们开始意识到水疗和温泉对健康和美容的益处。古希腊人和古罗马人经常前往温泉和矿泉疗养，以放松身心、恢复健康和改善外貌。随着时间的推移，疗养美容的概念逐渐发展并融入不同的文化中。在中世纪欧洲，修道院和修道院医院成为疗养美容的中心。修道院提供各种疗法，包括按摩、草药疗法和水疗，以帮助人们恢复健康和美丽。

2. 发展阶段

中世纪宗教盛行，整形美容技术在 19 世纪前发展十分缓慢。19 世纪末期的女权运动加速了整形美容外科的兴起。随后，第一次世界大战爆发，推动了医美行业的发展，第一次世界大战导致了大量组织缺损和畸形病例的产生，促使一部分口腔颌面外科、耳鼻喉外科医生投入到整形美容外科的研究中，由此"医疗美容"诞生。同时，美容开始在欧洲的温泉度假胜地兴起，这些度假胜地提供各种水疗、按摩和美容疗法，吸引了许多富裕的人前往享受，科学和医学的进步也为美容康旅产业的发展提供了更多的支持和理论基础。20世纪初，美国成为医美行业起步最早、市场规模最大、施行术例总数最多的国家。

3. 成熟阶段

随着现代医学和科技的进步，美容行业得到了进一步的发展。各种新的美容技术被引入，如电疗、光疗和化学疗法。此外，美容也开始与健康旅游结合，提供综合性的健康和美容服务。目前，在世界范围内以美国、韩国为首的国家已经培养出成熟的医美服务体系和监督机制，越来越多的人开始关注健康和美容，并愿意花费更多的时间和金钱在疗养美容上。同时，科技的不断创新也为疗养美容带来了更多的可能性，如激光美容、微整形和抗衰老疗法等。

（二）中国美容康旅产业的发展概述

随着中国经济的稳步发展，以及人民生活水平的不断提升，美容康旅逐渐成为中国消费的热点，已从最初的探索模式发展到了初具规模的阶段，行业发展呈现出发展体系逐步规范、市场规模逐步扩大与行业智能水平提高的现状。

1. 政策依据不断完善阶段（2017年以前）

2015年，《国务院关于取消非行政许可审批事项的决定》取消了第三类医疗技术临床应用准入审批，对安全性低、技术难、风险大的医疗手术明令禁止，这一决定的发布开始规范了美容行业的运营，为美容康旅产业的规范运营奠定了基础。2017年5月，国家卫生计生委（现为国家卫生健康委）等七部门开展为期1年严厉打击非法医疗美容专项行动，重点严查无合法资质机构开展医疗美容服务、医师无证行医、医师到非医疗机构行医、在非医疗场所违法开展注射美容等行为，此专项行动的展开进一步规范了美容康旅产业的运营发展。此外，随着美容康旅产业的发展，游客在体验美容康旅过程中逐渐提高了对美容医院资质与口碑、美容手术安全性的关注，出于游客保护、行业健康和行业持续发展角度，美容康旅产业的运营趋于规范化。

政策文本

《国务院关于取消非行政许可审批事项的决定》提出：在前期大幅减少部门非行政许可审批事项的基础上，再取消49项非行政许可审批事项，将84项非行政许可审批事项调整为政府内部审批事项。今后不再保留'非行政许可审批'这一审批类别。各地区、各有关部门要认真做好取消事项的落实工

作，加强事中事后监管，防止出现管理真空，且不得以任何形式变相审批。调整为政府内部审批的事项，不得面向公民、法人和其他社会组织实施审批；审批部门要严格规范审批行为，明确政府内部审批的权限、范围、条件、程序、时限等，严格限制自由裁量权，优化审批流程，提高审批效率。要进一步深化行政体制改革，深入推进简政放权、放管结合，加快政府职能转变，不断提高政府管理科学化、规范化、法治化水平。"

2. 经营模式不断规范阶段（2018 年至 2022 年）

规范经营是国家规定的一种合理经营方式，也是促进社会有序稳定发展的重要途径。在国家政策的严厉打击下，中国规范经营的美容康旅机构逐渐增多，美容康旅产业已由非规范经营向正规化经营方向发展。2021 年 6 月，中国开始出台严厉打击违规诊疗美容康旅机构的专项整治活动实施方案。2022 年 3 月，国家市场监督管理总局发布多个文件，要求提高医疗器械⑥的生产环节的质量，强化产品质量安全主体责任的落实。2022 年 3 月，注射用透明质酸钠溶液等被国家市场监督管理总局明确归类，属于医疗器械分类将均按照Ⅲ类医疗器械监管。这一系列政策的出台使得美容康旅医疗机构的经营逐步实现规范化发展。

3. 管理质量不断提高阶段（2023 年至今）

为达到"康"这一目标，美容康旅产业在发展过程中从规范管理领域出发，明确行业的业务管理规范，其中主要包括美容康旅产品的研发管理、进口管理、营销管理以及服务管理等环节。此外，政府和媒体的监督也推动了美容康旅产业逐步实现规范管理，从政府态度而言，主要是引导和规范美容康旅行业的自律；从媒体视角来看，游客的需求特点会迫使美容康旅行业实行管理规范。随着 VR、AR⑥和人工智能等技术的出现，美容康旅产业也开始了智能化转型之路。2023 年以来，我国的美容康旅产业管理质量不断提高。

三、美容康旅产业的发展类型

（一）美容观光产业

旅游目的地的某些资源既具有观赏价值又兼具美容功能，游客在旅游过程中可以通过观赏这些资源而达到美容养生的功效，如游客可以通过观赏旅游地的花海放松心情，愉悦的心情有利于美容。美容康旅观光主要强调从观赏层面提高个体的美容效果，属于物理疗法，其与借助医疗手段来改善容貌的方法不同，是相对安全的一种方法，且不需要通过太繁杂的过程或是使用高昂的费用来实现，是目前大多数群体常使用的美容方法。

（二）美容护理产业

随着经济收入的增加和社会观念的改变，社会群体对于容貌的要求不断提高，大多数群体希望不断提升个人形象。美容护理主要针对容貌没有太多缺陷的游客群体，仅需要使用护肤药物或护理方法方可保持原有容貌。美容护理产业与美容观光产业的不同在于需要通过医疗技术来实现个体容貌的改变，但其费用有所增加，因此选择美容护理的游客相对较少。

（三）美容治疗产业

美容治疗是指以改善旅游者的某种容貌缺陷或疾病为目的的康养旅游活动，与美容观光、美容护理相比，其专业化程度较高，通常是依据旅游者的容貌缺陷制订治疗计划，并进行专门化的集中管理治疗，常见于微整形[⑤]和整容治疗。此外，对某些游客由于容貌焦虑形成的心理疾病进行治疗同样属于美容治疗。与前两种类型相比，美容治疗的游客群体范围较窄，只有真正需要通过医疗技术改善容貌或是需要借助专业手段来缓解容貌焦虑的游客群体，才会选择体验美容治疗。

贵港：荷文化美容之旅

贵港位于西江流域中游，是南宁市的后花园城市，也是宗教旅游开发的地区。该地区被称为"千年荷城"，是以城内种植众多荷花而得名。贵港生态环境良好，有被誉为广西"小西双版纳""动植物王国"之称的龙潭国家森林、道教第二十一洞天白石洞天和广西首座北回归线标志公园，也有以"树奇、石怪、茶香、泉甘、佛灵"闻名于世的国家级重点风景名胜区——桂平西山，以及多姿多彩的少数民族风情。贵港在古时候被称为贵县，境内东湖广种荷花。贵港利用荷花发展芳香旅游、花卉旅游，并推出具有美容养颜功效的"荷塘月色"系列菜品、荷花美容护肤品，具有较强的美容养颜功效。

资料来源：洪铮. 珠江—西江经济带女性美容旅游的开发与建设 [J]. 旅游纵览（下半月），2016（233）：106-108.

法国®"依云"水疗®SPA美肤美体

　　法国依云镇背靠阿尔卑斯山，依云水的功效最早流传于1789年，当时一位名叫MarquisdeLessert的法国贵族患上了肾结石，但在依云小镇的Cachat绅士花园饮用了一段时间的矿泉水后，发现病症奇迹般地消失了。此后这件事便迅速传开，专家们就此专门做了分析并且证明了依云水的疗效，认为依云镇独特的地理构造成就了依云水，即融自阿尔卑斯雪峰的冰川水在往山下流的时候，先要经过一个封闭的砂石过滤层，经过十五年的渗透，才成为依云矿泉水，pH值几近中性。由于具有独特的渗透性，依云水一接触皮肤就可以迅速渗入皮肤表层，各种有效成分就能充分发挥作用，美容护理功效较强。

　　资料来源：刘霞. 法国依云小镇对中国特色小镇发展的启示［J］. 当代旅游，2019（7）：1.

韩国首尔：亚洲造美之都

　　20世纪50年代后期，为帮助患有天生畸形或是因为战争导致身体损伤残疾者进行治疗，韩国出现了整形手术。1980年开始，越来越多的求美之人开始走上整形之路，经过多年发展，韩国的整形技术备受大家追捧，例如SMAS提升术。SMAS提升术并不是拉紧皮肤层，而是把多余的皮肤层分离切除后再缝合的方法，手术时间短，恢复时间快，不添加任何异物，有永久性术后效果。整个治疗过程只需要20分钟的超声波巨能面部提升术，使用影视设备为皮肤诊断后，再使用超声波矫正松弛皮肤。目前韩国已允许旅行社组团进行医疗美容旅游，韩国规模最大的综合整形医院丽珍整形医院，就专为中国游客设计了美丽之旅。

　　资料来源：李钰. 韩国整形经济的新拐点［J］. 中国新时代，2013（8）：18.

第七节　田园康旅产业

一、田园康旅产业的基本内涵

田园康旅产业是一个新兴的产业，它结合了田园风光、健康养生和旅游度假等多个元素。这个产业以健康、休闲、度假为主题，以田园为载体，通过提供生态食材、健康农产品以及农业体验，满足人们对于健康、自然、和谐生活的追求。在田园康旅产业中，人们可以享受到优美的自然环境、清新的空气、健康的食品等，同时也可以参与各种农业活动，体验乡村文化和生活方式。这种产业的发展对于促进城乡交流、推动文化传承和保护都具有重要的意义。田园综合体是田园康旅产业发展的重要载体。田园综合体是集现代农业、休闲旅游、田园社区于一体的乡村综合发展模式，目的是通过旅游助力农业发展、促进三产融合的一种可持续发展模式。

二、田园康旅产业的发展概述

（一）国外田园康旅产业的发展概述

国外田园康旅产业的雏形是乡村旅游。乡村旅游最先在欧洲兴起，20世纪60年代初，当时的旅游大国西班牙把乡村的城堡进行一定的装修改造成为饭店，用以留宿过往客人，这种饭店被称为"帕莱多国营客栈"；同时，把大农场、庄园进行规划建设，提供徒步旅游、骑马、滑翔、登山、漂流、参加农事活动等项目，从而开创了世界乡村旅游的先河。以后，乡村旅游在美国、法国、波兰、日本等国家得到倡导和发展。在欧美国家，乡村旅游已具有相当规模，并已走上了规范化发展的轨道，显示出极强的生命力和巨大的发展潜力。后来，随着城镇化步伐加快，德国、日本、美国、法国等发达国家根据城市发展生态农园的成功经验，大力推动了田园综合体的发展，奠定了如今田园康旅产业发展的基础（梁诗琦，钱子玉，申潞玲，2021）。

1. 德国

德国发展市民休闲农庄。休闲农业的发展始于市民农园，其发源地德国也是全世界最先拟定相关法律规范的国家，始于贵族为享受栽培乐趣而在自有地上进行园艺活动。有组织的市民农园兴起于莱比锡，目的在于借助园艺活动提升身体素质、缓解工作压力的同时，节约生活开支。市民农园兴盛的背后反映出19世纪欧洲工业化、城市化趋势下农村大量人口涌向城市而引发的社会冲突。为了改善现状，当地政府向市民提供土地发展小果菜园自给自足来维持基本生活需求。直至第二次世界大战结束，市民农园一直作为食物的供应来源，逐步兼具实用性与观赏性。德国政府先后出台《联邦市民农园法》《小果菜园协会法》，旨在对其种植区域、占地面积、果园设施等实行统一化标准管理。其中，建于1910年的"曼海姆南部小果菜园协会"向政府租用土地，借助广告公开租赁，各协会基于承租人自身意愿在园内种植园艺作物和农副产品，养鱼或开展庭院式经营，其所得农产品仅供自用或分享。该模式发展的主流趋势已从过去单一化强调生产经营拓展为发展多样化农事休验。

2. 日本

随着第二次世界大战后经济的快速增长，日本在借鉴德国休闲农村模式的基础上，发展了联合体农场。随着日本城乡间的差距日益拉大，城乡双方对彼此之间的交流、合作互补的需求也越来越强烈，农村作为城市的供给来源，农产品市场潜力巨大，且有德国市民农园作为范式，在内外因素的共同促进下，日本市民农园开始出现并不断发展，其常见形式为单体农户小规模经营。其中，位于日本三重县、源于农户养猪的经营联合体的Mokumoku农场，其特点在于"集自然、农业、猪于一体"，这种形态的田园综合体将功能拓展至农业教育、农事体验、乡村旅游等多重方向，成为一种较为成熟的田园综合体的典型代表。

3. 美国

美国积极在大城市近郊发展休闲体验农园，该体验农园主要采用农场和社区合作互助的方式，由城市居民与乡村农民双方共同参与，秉持双方风险与利润共担的原则。根据协议，农园所提供的农产品必须保障食材品质并享有低于市场价的优惠折扣，稳定市民需求，保障了农园所产农产品较稳定的销售量，激发了生产与消费环节的活力，实现了共赢。例如，美国Fresno农业旅游区被分为农业生产区和休闲观光农业区两部分，突破了传统农业模式，构建起"综合服务镇+农业特色镇+主题游县"的立体结构。综合服务镇有着显著的交通优势、健全的服务设施。农业特色镇则成功搭建了规模化的农业种植平台，产销游三方相互依托、相互促进。

4. 法国

法国重视艺术元素在农业中的应用，积极发展专业化艺术庄园。自农业旅游兴起以来，法国将农场经营作为休闲农业的核心，这种因地制宜的发展方式使法国农业实现了快速发展。专业化经营成为此类农场的共同特征。例如，以薰衣草著称的乡村度假区普罗旺斯，借助薰衣草这一名片走向世界。这在很大程度上得益于当地日照时数较长，为薰衣草提供了适宜的生长环境。其定期开展的庄园活动更是蕴涵着独有的艺术氛围，并通过集合各方非政府组织力量为休闲农业进一步发展提供了有力保障。

（二）中国田园康旅产业的发展概述

中国田园康旅产业始于乡村旅游。20 世纪 80 年代随着旅游扶贫政策的大力实施，乡村旅游逐步被人们所重视，由此我国各地的乡村旅游开发均向集观光、考察、学习、参与、康体、休闲、度假、娱乐于一体的综合型方向发展。其中，国内游客参加率和重游率最高的乡村旅游项目是：以"住农家屋、吃农家饭、干农家活、享农家乐"为内容的民俗风情旅游；以收获各种农产品为主要内容的务农采摘旅游；以民间传统节庆活动为内容的乡村节庆旅游。最具有代表性的是 1987 年在休闲之都——成都郊区龙泉驿书房村举办的桃花节上，乡村旅游最具有代表性的体验吸引物"农家乐®"被全国所知晓。自此，"农家乐"旅游成为乡村旅游的一种形式，它是传统农业与旅游业相结合而产生的一种新兴的旅游项目。发展至今，浙江的"农家乐"成为全国乡村旅游发展的典范。

为了推动乡村旅游不断开发新的业态，推动乡村振兴发展，2012 年田园东方创始人张诚发表了论文《田园综合体模式研究》，并在无锡市惠山区阳山镇和社会各界的大力支持下，在"中国水蜜桃之乡"的阳山镇实践了第一个田园综合体项目——无锡田园东方。在项目不断探索的第四个年头，2016 年 9 月中央农村工作领导小组办公室考察指导该项目时，对该模式给予高度认可。2017 年，源于阳山的"田园综合体®"一词被正式写入中央一号文件，文件解读"田园综合体"模式是当前乡村发展新兴产业的亮点举措。2017 年 2 月 5 日，"田园综合体"作为乡村新型产业发展的亮点措施被写进中央一号文件：支持有条件的乡村建设以农民合作社为主要载体、让农民充分参与和受益，集循环农业、创意农业、农事体验于一体的田园综合体，通过农业综合开发、农村综合改革转移支付等渠道开展试点示范。2022 年，在全面推进乡村振兴，促进农民增收致富的新的历史发展阶段，田园综合体推动田园康旅产业的发展，成为探索农村一二三产业深度融合，推动乡村旅游产业®高质量发展的一种模式选择。

攀枝花米易康养度假田园综合体

米易县位于四川省西南部，隶属素有"四川小三亚"的攀枝花市。米易县因为有良好的气候条件、自然地理条件，成为康养度假旅游胜地。米易县在康养度假田园综合体的整体开发中，开发出了"康养+度假""康养+文化""康养+运动""康养+农业""康养+娱乐"五种康养度假模式，结合米易县各区域多样化的旅游资源，对整个县域旅游功能进行分区，不同分区植入特色化的康养旅游产品，实现"攀西旅游区田园度假康养综合体"的总体定位。米易县因其气候条件优势，且阳光资源丰富，生态环境优良，为发展康养度假模式提供了先天的资源优势。在康养度假模式的发展中，四川晟景文化旅游有限公司将前沿移动医疗技术和相关设备广泛应用于养生产品，为客户量身定制康复疗养方案，开创一站式"健康监测、体检、健康干预、康养云服务、移动医疗服务、调理、养生、修心"的康养全产业链。如规划的康养社区，社区配有大面积绿地、广场、花园、种植园区，为入住者提供优美的居住环境，从个人居所到服务场所、公共空间全部为无障碍设计。同时，社区还提供餐厅、超市、洗衣房、银行、邮局、美容美发及各种娱乐活动场所，为入住者提供专业高效的医疗健康服务、舒适周到的居家生活服务、丰富多彩的交流活动服务、精致全面的文化教育服务。该综合体最终形成"康养+度假""康养+文化""康养+运动""康养+亲子娱乐"等模式。

资料来源：瑞博康养旅局。

三、田园康旅产业的发展类型

（一）田园观光养生产业

田园观光养生产业是依托项目地良好的气候及生态环境，构建生态体验、度假养生、温泉水疗养生、森林养生、高山避暑养生、海岛避寒养生、湖泊养生、矿物质养生、田园养生等养生业态，打造休闲农庄、养生度假区、养生谷、温泉度假区、生态酒店、地方元素民宿、茶香小镇等产品，形成生态养生大健康产业体系[9]。以优质的田园风景和生态环境，促进田园观光养生和度假，是田园观光养生产业的核心内容。

（二）田园旅居养老产业

田园旅居养老产业是将医疗、气候、生态、康复、休闲等多种元素融入养老产业，发展康复疗养、旅居养老、休闲度假型"候鸟"养老、老年体育、老年教育、老年文化活动等业态，打造集养老居住、养老配套、养老服务于一体的养老度假基地等综合开发项目，带动护理、餐饮、医药、老年用品、金融、旅游、教育等多产业共同发展。以优质的田园康养旅居，促进田园度假享老养生，是田园旅居养老产业的核心内容。

（三）田园运动康体产业

田园运动康体产业是依托山地、峡谷、水体等地形地貌及资源，发展山地运动、水上运动、户外拓展、户外露营、户外体育运动、定向运动、养生运动、极限运动、传统体育运动、徒步旅行、探险等户外康体养生产品，推动体育、旅游、度假、健身、赛事等业态的深度融合发展。以优质的田园休闲运动项目，促进田园体育旅游度假，是田园运动康体产业的核心内容。

（四）田园文化养心产业

田园文化养心产业是依托深度挖掘旅游目的地独有的民俗、历史文化，结合市场需求及现代生活方式，运用创意化的手段，打造利于养心的精神层面的旅游产品，使游客在获得文化体验的同时，能够修身养性、回归本心、陶冶情操。例如，依托中国传统康养文化，打造康养文化体验基地等。以优质的田园康养文化，促进田园度假疗养生活体验，是田园文化养心产业的核心内容。

（五）田园生态食养产业

田园生态食养产业是基于生态农业®食品为核心吸引物，结合休闲农业体验，通过发展绿色种植业、生态养殖业，开发适宜特定人群、具有特定保健功能的生态健康食品，同时结合生态观光、农事体验、食品加工体验、餐饮制作体验等活动，推动健康食品产业链的综合发展。以优质的田园生态产品，促进田园食养旅居，是田园生态食养产业的核心内容。

复习思考

1. 什么是森林康旅产业？森林康旅产业的产品和服务有哪些？
2. 什么是运动康旅产业？运动康旅产业的产品和服务有哪些？
3. 什么是温泉康旅产业？温泉康旅产业的产品和服务有哪些？
4. 什么是医疗康旅产业？医疗康旅产业的产品和服务有哪些？
5. 什么是文化康旅产业？文化康旅产业的产品和服务有哪些？
6. 什么是美容康旅产业？美容康旅产业的产品和服务有哪些？
7. 什么是田园康旅产业？田园康旅产业的产品和服务有哪些？
8. 中国支持康养旅游产业发展的相关政策有哪些？核心要点是什么？

现代康旅产业的需求与供给

第四章

学习目标

1. 理论学习目标

（1）理解中国健康、养老、旅游三个方面的市场需求特点

（2）掌握现代康旅产业的市场需求维度

（3）掌握现代康旅产业五种供给模式的基本内涵

（4）理解现代康旅产业五种供给模式的主要特征

（5）理解康旅供给侧发展的三大趋势

（6）理解康养产业与旅游产业融合的六个要素

（7）理解现代康旅产业经济的热点

2. 实践学习目标

（1）举例讨论中国健康市场、养老市场、旅游市场的发展趋势

（2）举例讨论市场对优质康养旅游产品和服务的需求

（3）举例讨论中医药疗愈类康旅供给的产品和服务

（4）举例讨论生态养生类康旅供给的产品和服务

（5）举例讨论文化休闲类康旅供给的产品和服务

（6）举例讨论休闲体育类康旅供给的产品和服务

（7）举例讨论乡村田园类康旅供给的产品和服务

（8）举例讨论康养产业与旅游产业融合的开发路径

章前引言

准确认识现代康旅产业的需求与供给有助于更好厘清其发展的市场、产品和服务情况。本章通过阐释"健康市场""养老市场""旅游市场"三个方面的市场需求，使学生进一步了解现代康旅产业的市场需求状况，理解满足其市场需求的"中医药疗愈类康旅""生态养生类康旅""文化休闲类康旅""休闲体育类康旅""乡村田园类康旅"五种现代康旅产业的供给模式，学习其基本内涵、主要特征和典型案例。由此，本章分析康旅供给侧的发展趋势，从"食、住、行、游、购、娱"六个方面认识康养产业与旅游产业融合的关键要素，使学生了解现代康旅产业经济的热点。

内容结构

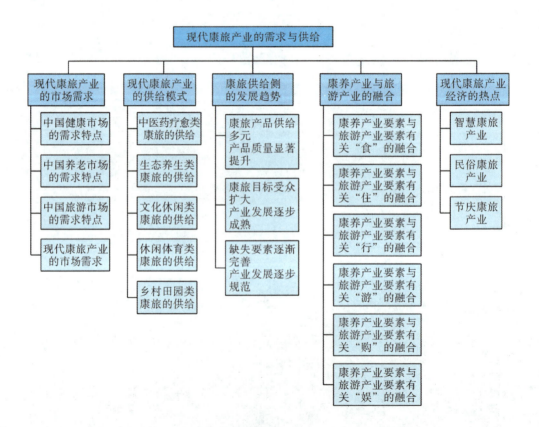

第一节　现代康旅产业的市场需求

一、中国健康市场的需求特点

(一) 健康市场的"预防"需求

人民健康是民族昌盛和国家富强的重要标志，预防是中国卫生健康工作的重要内容。强调"预防为主"，将预防关口前移，避免小病酿成大疫，这是经过实践反复证明的治国安邦的宝贵经验，也是中国未来发展必须坚持的重要策略。随着预防策略的提出，社会大众对于健康的预防需求有了很快的增加，各个年龄层的人都在通过自己易于接受的方式不断提升自身的健康素质。因此，预防疾病的产业前景非常广阔，具有很大的发展潜力。未来随着人们对健康生活的追求和科技的不断进步，预防疾病的产业将会迎来更多的发展机遇和挑战，具体包括：一是政策支持。各国政府对预防疾病和健康促进的重视程度不断提高，为预防疾病的产业提供了政策支持和市场机会。例如，中国政府在《"健康中国 2030"规划纲要》中强调了预防疾病的重要性，并提出了相应的目标和措施。二是技术创新。随着技术的进步，预防疾病的手段和方法也在不断创新。例如，基因检测、人工智能、大数据等技术的应用，可以为人们提供更加个性化、精准的预防保健服务。三是人口老龄化^①。随着全球人口老龄化的加剧，人们对健康的要求越来越高，预防疾病的产业将有更大的发展空间。老年人是慢性疾病的高发人群，对预防保健服务的需求更加迫切。四是健康消费升级。随着生活水平的提高，人们对健康的需求也不断升级。人们更加注重健康生活方式、环境质量、食品安全等方面，这为预防疾病的产业提供了更多商机。五是全球化^②趋势。全球化的趋势使得预防疾病的产业不再局限于某一地区或国家，而具有更广阔的市场前景和发展空间。跨国企业、国际合作和跨境贸易等将为预防疾病的产业发展带来更多机遇。

> **点燃生命激情、活力银龄展风采**
>
> "左脚向左迈开一步，两脚掌心约与肩同宽。两手从体侧捧气向前，掌心向上，双手十指交叉于小腹前……"在淮安市洪泽区邓码社区水岸花城居家

养老服务中心，一到八段锦锻炼时间，不少社区老人便主动参与其中。

淮安市洪泽区邓码社区有常住人口 14 000 多人，其中老年人 5 000 多人，老年人口占比较大。为了让老年人健身锻炼更专业，社区邀请区健身气功协会工作人员担任指导老师，带领老年人开展气功健身，由她在前示范动作，大家跟着她一招一式地学习。目前，八段锦健身队伍越来越大，形成了一定的规模。不少老年人不仅身体得到了锻炼，也交到了朋友，更让社区形成了和谐融洽的邻里氛围。

资料来源：根据网上相关资料整理。

（二）健康市场的"医治"需求

截至 2022 年年底，中国 90% 的卫生资源仍然用于治疗，预防仅占 10%，大部分人力、物力、财力都在忙于治病，虽然随着健康产业的发展，健康服务领域由传统单一"医治"领域延伸至"预防""休养"等领域，全国的医疗策略也逐渐从"以疾病治疗为主导"向"以健康干预为主导"转变，但就目前健康市场需求来说，"医治"仍然是健康市场消费需求最大的组成部分。健康医治服务是指为患者提供全方位、立体化和一站式的全疗程健康管理服务，包括的内容非常广泛，涵盖了诊前、诊中、诊后服务，涉及医疗设施、医务人员实时咨询、持续复诊、家庭医生、院外管理等便捷服务。因此，现代人们的医治需求呈现多元化、个性化、高品质的特点。健康市场的"医治"需求相关产业前景广阔，具体包括：一是预防保健的需求。随着健康意识的提高，人们更加注重预防保健，希望通过各种方式预防疾病的发生。这包括健康体检、营养咨询、运动健身、疫苗接种等方面的需求。二是慢性病管理需求。慢性病是现代社会的主要疾病之一，如高血压、糖尿病、心血管疾病等。人们需要长期管理这些疾病，控制病情发展，减少患上并发症的风险。因此，慢性病管理成为现代医治的重要需求之一。三是个性化治疗需求。随着医疗技术的进步，越来越多的疾病可以通过个性化治疗得到更好的治疗效果。人们希望根据自己的基因、生活习惯、环境等因素，制定适合自己的治疗方案。四是快速诊疗需求。现代社会节奏快，人们希望在生病时能够快速得到准确的诊断和治疗。因此，快速诊疗的需求也越来越多。五是心理健康服务需求。心理健康问题越来越受到人们的关注，人们需要专业的心理咨询和治疗服务来缓解压力、提高生活质量。六是数字化医疗需求。随着互联网和移动设备的普及，数字化医疗的需求也越来越多。人们希望通过手机App、在线咨询等方式方便地获取医疗服务和健康管理。七是高品质医疗服务。人们对医疗服务的质量和体验要求也越来越高，希望得到专业、安全、舒适的服务。

（三）健康市场的"休养"需求

中国正处于高质量发展时期，健康行业迎来了新的发展阶段，即从低技术含量时代进入高质量创新发展时代。随着生活水平的提升，中国居民进入避暑避霾避寒、养生养心养老的大众旅游休闲时代。人们愈加追求健康和精神享受，作为人们的一种生活追求，休养也慢慢成为一种生活主流。基于健康人群的休养需求主要集中在体育、健身、休闲、旅游以及文教和影视等方面，旨在对休养消费者的身体进行养护或锻炼，满足消费者身体健康的需要。在健康市场的休养需求中，亚健康人群是目前休养产业最关注的人群之一。人们的健康需求已由传统、单一的医疗治疗型向疾病预防型、保健型和健康促进型转变。因此，健康市场休养需求领域相关市场前景广阔，具体包括：一是身体休养的需求。人们需要休息和放松身体，缓解疲劳和紧张。二是精神休养的需求。人们需要让自己的心灵得到放松和滋养，缓解精神压力和焦虑。三是社交休养的需求。人们需要与他人交流和互动，分享彼此的经历和感受，获得情感支持和认同。四是知识休养的需求。人们需要不断学习和探索新知识，提升自己的认知水平和思维能力。五是心灵休养的需求。人们需要找到自己内心的平静和安宁，提升自己的内在品质和精神力量。六是休闲娱乐的需求。人们需要放松身心，享受生活的乐趣，缓解工作压力。

蓬莱 CHINA——NEWSTART 中心规划

以蓬莱优美的旅游环境、得天独厚的气候条件、丰富的历史文化积淀和近几年较高的国际知名度为前提，以中医无痛苦、无创伤、无毒副作用的适宜疗法为依托，以绿色食品保健品、科学的生活方式和良好的生活习惯为根底，在开发区骄格庄村西，建设国际性的 CHINA——NEWSTART 中心。

1. 自然疗法康复中心

蓬莱为沿海旅游城市，拥有丰富的旅游资源，将神仙文化和中医的针灸、气功、推拿按摩、刮痧、茶疗等自然疗法有机结合，达到消除疾病、恢复健康、解除疲劳、延长寿命的目的。

---

2. 开发中医药资源，建设中医药博物馆

蓬莱的自然地理和气候条件适应绝大多数中草药的生长，境内生长有药用价值的中药 320 多种，曾收购出售具有一定产量的挖采和种植（养殖）中药 110 种，在全国颇具影响的有丹参、黄芩、北沙参、全蝎、茵陈等 20 多种。

3. 保健品开发

随着生活水平的提高，人们将更加关注健康。针对这一需求的增加，各个保健品企业抓住这一市场机遇，在保健品上大做文章，市场上也出现了不少的知名企业。人口寿命的延长、"亚健康"群体的增加、高额的利润回报，使保健品业市场前景良好。

资料来源：中国管理案例共享中心案例库。

二、中国养老市场的需求特点

（一）庞大的养老市场需要

截至 2022 年年底，我国 60 岁及以上人口 28 004 万人，占全国人口的 19.8%。与第七次全国人口普查数据相比，老龄化人口数量及占比上涨趋势明显。人力资源和社会保障部指出，"十四五"期间，我国将从轻度老龄化迈入中度老龄化阶段，预计 2025 年我国 60 岁及以上人口将突破 3 亿，2033 年将突破 4 亿，2053 年将达到 4.87 亿的峰值。人口老龄化促进了"银发经济"的发展，养老产业将成为潜力巨大的朝阳行业。世界卫生组织⑥预测，到 2050 年，中国将有 35% 的人口超过 60 岁，养老产业成为万亿蓝海市场。中国老龄科学研究中心对于养老产业的需求也进行过一项测算，中国老龄产业产值将在 2050 年突破 100 万亿元，届时将占 GDP 三分之一以上，与养老相关的产业发展空间巨大。另外，老年人口消费需求相当可观。据全国中老年网的调查，中国城市 45% 的老年人拥有储蓄存款，老年人存款余额 2016 年超过 17 万亿元，人均存款将近 8 万元。随着康养产业的供给不断增加，2030 年中国老年康养产业市场消费需求将达到约 20 万亿元。

全球老龄化

从全球角度来看，根据联合国发布的《世界人口展望2024》报告，报告预测，世界人口将在未来50年或60年内继续增长，从2024年的82亿人增长到2080年代中期达到峰值，在21世纪80年代中期达到约103亿的峰值，到21世纪末回落至约102亿。报告称，预计2100年世界人口规模将比十年前的预期低6%，即减少约7亿人。截至2024年7月，包括中国、德国、日本和俄罗斯在内的63个国家和地区的人口数量已达到顶峰，预计在未来30年内，这些国家和地区的总人口将减少14%。报告称，全球人均预期寿命2024年达到73.3岁，自1995年以来提高8.4岁。预计到2054年，全球人均预期寿命将达到77.4岁。到21世纪50年代末，全球半数以上死亡将发生在80岁及以上。世界人口的平均年龄也在增加。报告预测，即使在人口增长迅速且人口结构相对年轻的国家，65岁及以上人口的数量在未来30年内也会增加。到21世纪70年代末，全球65岁及以上人口的数量预计将达到22亿，超过18岁以下人口的数量。而80岁及以上的人口预计将在21世纪30年代中期超过1岁及以下的婴儿人数，达到2.65亿人。这在一定程度上是过去30年中总体预期寿命的增加和死亡率的下降所致。

资料来源：《世界人口展望2024》。

（二）多元的养老服务需求

养老服务模式一般指相关服务主体（如家庭、社区、政府、市场、社会组织等）按照特定的服务资源聚合模式和协作模式，在约定的服务场所，向目标人群提供医疗、看护、生活、精神、娱乐和金融等方面有侧重的特色服务，以满足目标养老人群的核心需求。目前，对养老服务的需求主要包括：一是居家养老服务。这是最传统的养老模式，是指以家庭为核心、以社区为依托、以专业化服务为依靠，为居住在家的老年人提供以解决日常生活困难为主要内容的社会化服务。居家养老服务主要通过日间照料、家政服务、健康咨询等，来辅助老年人的生活。居家养老服务的主要形式有两种：由经过专业培训的服务人员上门为老年人开展照料服务；在社区创办老年人日间服务中心，为老年人提供日托服务。二是机构养老服务。这是一种集居住、餐饮、医疗、娱乐等服务于一体的养老模式，指以社会机构为养老地，依靠国家资助、亲人资助或老年人自备的形式获得经济来源，由专门的养老机构，如福利院、养老院、托老所等，统一为老年人提供有偿或无偿的生活照料与精神慰藉，以保障老年人安度晚年的养老方式，提供全面的服务，保证老人健康、吃好住好、娱乐和社交活动等。这种模式适合于身体状况较差且需要专业护理的老年人。三是社区养老服务，又被称为"没有围墙的养老院"，是养老方式之一，是指以家庭为核心，以社区为依托，以老年人日间照料、生活护理、家政服务和精神慰藉为主要内容，以上门服务和社区日托为主要形式，并引入养老机构专业化服务方式的居家养老服务体系。这种模式下，老人可以享受到社区提供的各种养老服务，如餐饮、医疗、娱乐、教育等，同时，保持与社区的联系，维持社交活动。

创新"链式养老"服务模式

南通是著名的长寿之乡，常住人口老龄化率已达 30.01%。全国 149 个进入深度老龄化社会的地级市中，南通位居第一。

以机构养老为支撑、社区养老为依托、居家养老为基础的"链式养老"服务模式，通过充分发挥养老机构专业人员、专业设施、专业技术的优势，承接运营养老机构周边的社区日间照料中心和居家养老服务站，为居家老年人提供日间照料、助餐助医、康复护理等专业养老服务。"链式养老"服务模式打破了居家、社区和机构养老的边界，破解养老痛点，让越来越多老人实现在家门口幸福养老。

截至 2022 年 3 月，南通已有 27 家养老机构承接运营了 43 个街道（乡镇）居家养老服务中心，为 706 个社区提供专业化、精细化养老服务，受益家庭超过 23 万户。

资料来源：中国管理案例共享中心案例库。

（三）健康的养老生活追求

健康的养老生活追求是一个综合性的目标，不仅强调追求物质上的安逸，而且强调追求身心的健康和内心的满足。在追求健康的养老生活中，重点关注领域包括：一是身体健康。保持身体健康是健康养老生活的基础，包括定期体检，保持身体运动和均衡饮食等健康管理服务和医疗服务。养老生活不意味着停止活动，相反，适度的运动可以帮助保持身体的灵活性和健康。选择适合自己的运动方式，如散步、太极拳、瑜伽等，可以提高身体素质，增强免疫力。二是社交活动。保持社交活动是健康养老生活的重要组成部分，老年人往往会感到孤独和失落，因此与家人、朋友和社区保持联系非常重要。参加社交活动、加入兴趣小组或志愿者组织，可以拓宽社交圈子，增加交流和互动，提高生活质量。三是心灵满足。追求心灵的满足也是健康养老生活的关键。老年人有更多的时间去追求自己的兴趣爱好，如阅读、绘画、旅行等。这些活动可以帮助老年群体放松身心，保持良好的状态，增加生活的乐趣。同时，老年人也可以通过参加文化活动、学习新知识等方式，不断丰富老年生活的内容，保持思维的活跃。四是积极心态。积极的心态是健康养老生活的关键，老年人可能会面临身体上和心理上的变化，如健康问题、家庭变动等。在面对这些挑战时，保持积极的心态和乐观的态度非常重要。学会接受和适应变化，保持对生活的热情和期待，可以帮助老年人更好地享受养老生活。

创新"享老"服务模式

合肥市是国家级养老服务示范城市。合肥市政府高度重视养老事业的发展，致力于为老年人提供优质的养老服务和良好的养老环境。

合肥市在城市规划中坚持老有所养、老有所乐、老有所居的原则，统筹规划养老服务设施用地空间布局，提升社区、居家养老水平，让老年人在家门口就能享受到高质量养老服务，把"养老"变为"享老"。养老服务形式覆盖面包括养老院、社区养老、居家养老等多种形式，市内设有多家专业的养老院，提供全天候的护理和生活照料服务，为老年人提供舒适的居住环境和健康的生活方式。同时，合肥市积极推进社区养老服务体系建设，设立了多个社区养老中心，为老年人提供康复护理、文化娱乐、心理疏导等服务。此外，合肥市还鼓励和支持老年人居家养老，提供上门服务、医疗保健等便利措施。

2022年，合肥市一共建设了老年食堂（助餐点）860个，累计服务老人370多万人次，受到广大市民特别是老年人的广泛欢迎。2023年，合肥市持续推进老年助餐服务建设，新增老年助餐服务机构不少于290个。

资料来源：《合肥日报》。

三、中国旅游市场的需求特点

（一）季节性强，消费偏低

中国旅游市场需求的基本特征表现为：季节性强、基数较小、增长稳定、消费偏低、变化加快。国内旅游受气候影响较大，表现为很强的季节性，旅游旺季较短，主要集中在7月、8月、9月三个月，部分地区在气候较好的年份，6月和10月的接待游客量会增加，形成旅游小旺季，其他月份的接待量相对较少。与国外相比较，国家法定节假日期间形成的"旅游黄金周®"带给旅游的商机并不特别明显。虽然国内旅游依然能够保持平稳增长态势，但是随着散客化时代的到来，游客的出行方式和消费模式将发生变化，再加上人均消费量偏低的现实约束，给市场组织和接待体系带来了严峻的挑战。

（二）环境提质，需求上升

传统的旅游吸引力主要集中于旅游产品与服务，而将旅游环境视为外在影响因素，但经过旅游行业多年实践探索发现，旅游环境已然彰显出旺盛的生命力，对传统旅游景点吸引越来越大。同时，城市化进程提高了民众对旅游环境的关注度，人们更喜欢亲近自然界，原生态旅游环境更受大众青睐。旅游环境的系统性打造不仅能够满足人们的旅游需求，而且有利于帮助旅游企业关注生态环境自然发展需求，推进旅游景区可持续发展，如张家界、九寨沟景区就通过生态旅游环境吸引物实现可持续发展。

梅州雁南飞茶田度假区

雁南飞茶田度假区位于广东省梅县雁洋镇境内，由广东宝丽华集团公司投资开发，把农业与旅游有机结合，是集茶业、水果的生产、园林绿化和旅游度假于一体的生态农业示范基地和旅游度假村。雁南飞茶田度假区依托优越的自然生态资源和标准化生产农田，以珍爱自然、融于自然的生态理念，完美体现中国博大精深的茶文化和客家文化，吸引了众多游客。

雁南飞茶田度假区作为现在梅州唯一的国家5A级旅游景区，按照"茶田风光、旅游胜地"的发展方向，通过茶叶种植、加工、茶艺、茶词等形式营造了浓厚的茶文化内涵，并融入客家文化于其中，取得了很好的旅游效益。度假村在开发过程中，注重打造精品文化、客家文化、旅游文化，以文化的外延和内涵显示旅游的魅力。以文化打动人，以文化教化人，在文化、旅游、游客之间找到共鸣点是雁南飞茶田度假区打造企业文化的优势之一。

度假区以"公司＋基地＋农户"的产业化经营模式，努力推进农业产业化，大胆开拓市场，追求效益；整个景区在建设中不断完善景区景观，注重整体规划，强调生态开发和可持续发展，始终把生态环境保护放在首位。度假区还有着自己高效的管理方式，紧抓"服务＋环境＋出品＝竞争力"的管理模式，致力于打造一流企业和精品景区。景区细化管理中注重细节，采用人性化管理模式，在工作中用制度约束人，在生活中用人性感动人，极大地提高了员工的工作效率和员工积极性。不仅如此，雁南飞茶田度假区从环境、服务、出品、文化四个方面精心铸造品牌，然后对外输出品牌，逐步成为梅州最亮丽的一张旅游文化名片。同时，雁南飞茶田度假区还不断地加强旅游宣传营销，打响品牌知名度。

资料来源：中国管理案例共享中心案例库。

（三）需求多样，发展多元

新冠疫情后旅游业在自身发展中也在不断进行产业结构的调整，从标准化、单一化转向细分化、多样化，形成"旅游＋健康""旅游＋体育""旅游＋文化"等模式。传统的旅游方式主要为选择目的地后进行游玩，这种简单的旅游较为单调，但是现在的跨界旅游将很多娱乐项目相结合，为大众提供了一种旅游新模式。跨界旅游将旅游与健康、体育、文化等多种活动巧妙结合，让人们在旅游的同时加强身体健康与促进文化艺术交流。从高速增长阶段转向优质发展阶段，从单一的旅游时代迈入"全域旅游、泛旅游、旅游＋"新时代，旅游产业呈现出多元化的发展趋势。

（四）竞争激烈，融合加快

随着旅游业在各地的兴起，各类旅游饭店拔地而起，旅行社如雨后春笋般出现，使得竞争加剧。而目前的竞争又表现为多方位和多角化竞争，不仅有来自行业内部的竞争，还有各行各业旅游所带来的竞争，甚至有来自潜在竞争者的竞争、替代产品的竞争等多个方面。再加上现代旅游交通工具的高效便捷，以及互联网和新媒体的宣传影响，国内国际旅游市场呈现出融合接轨趋势，即通过对外合作，加速打造特色旅游市场，拓宽国内旅游市场，引入国外旅游资源，实现国际旅游资源与游客的双引入。

四、现代康旅产业的市场需求

（一）康养旅游与产业融合发展的需求

现代康旅产业需要坚持以康养为牵引，高起点谋划旅游、医疗、农业、养老、现代服务业等配套产业，推动"康养旅游+"多业态融合发展，进一步打造"康养旅游+"模式，促进康养旅游与中医药、文化养生、健康旅游、互联网与体育旅游等产业相融合，开发诸如道教养生、中医药养生、运动养生、温泉养生、美食养生等康养旅游产品和体验项目，引导和推动康养旅游和健康养生的深度融合。例如"康养旅游+中医药"模式可以大力发展中医药疗养康复旅游、中医药特色医疗旅游、中医药美容保健旅游、中医药养生体验旅游、中医养生文化旅游、中医药会展节庆旅游等，研发不同种类的中医药康养旅游产品来满足游客的多元化康养旅游需求。又如"康养旅游+文化养生"模式可以以浓厚的道家文化内涵为基础，挖掘太极养生功、茶保健、国药调理等养生方式，同时融合当代的先进科学技术，建立道家文化康养旅游度假地，挖掘新一派的康养旅游文化内涵。

（二）优质康养旅游产品和服务的需求

康旅产业是一个涉及面广、综合性强的产业，可以借助自身的资源优势和产业基础，构建高品质的康养旅游产品体系和服务体系，诸如特色医疗旅游产品、养生养老旅游产品、文化养生旅游产品、运动健体旅游产品、生态休闲旅游产品、健康美食旅游产品，以及康养咨询服务、疗养咨询服务、个人保健咨询等。康旅产业可以通过构建高质量的康养旅游产品体系和服务体系，从供给侧结构性改革的角度出发，满足现代康旅市场多样化和多元化的需求，以此来增强康养旅游产品的核心竞争力和吸引力。例如，文化养生康旅，即深入挖掘与养生有关历史文化，使养生休闲不仅具有身体养生的功能，同时还具有心理养生的益处，把优越的生态环境、悠久的文化与现代休闲度假产业相结合，对应设计文化养生的康旅体验产品和服务。运动养生康旅，开发不同的运动养生系列，用活动身体的方式维护健康、增强体质、延长寿命、延缓衰老的养生方法，从辅助器材、规划咨询等方面，设计康旅产品和服务。饮食养生康旅，根据个人体质不同，定制合理的营养膳食搭配，设计针对性强、个性化十足的康旅产品和服务。医疗养生康旅，产品和服务依托中、西医、营养学、心理学等知识，结合以药物康复，配合一定的休闲活动进行的康复养生，对应设计具有医疗保健特色的康旅产品和服务。休闲养生康旅，设置适宜具有参与性、趣味性较强的养生休闲旅游活动，通过互动沟通，使游客身心放松，聚焦养生设计康旅产品和服务。生态养生康旅，依托旅游地优美的生态景观，同时利用诸多的养生手段和完善的养生设施，为游客提供一种集观光、休闲、养生于一体的综合生态康旅产品和服务。

（三）康养旅游产品和服务创新的需求

随着人们对健康和福祉的关注不断增加，康养旅游成为一个热门的领域，传统的康养旅游产品和服务已经不能满足当下人们对身心健康的需求。因此，创新的康养旅游产品和服务，需要考虑以下五个方面：一是个性化和定制化需求，允许消费者根据自身的兴趣、健康状况和偏好来设计个人化的康养旅游计划。同时，相关机构应通过充分了解消费者需求，提供定制化的服务。二是综合性康养需求。综合性康养旅游产品提供全方位的健康体验，包括但不限于健康饮食、康复和体育锻炼等，通过提供多样化的康养服务，满足客户在身心健康方面的多重需求。三是深度互动需求。深度互动体验模式鼓励消费者积极参与康养过程，通过互动式的活动、工作坊和课程来促进身心健康，这种互动体验可以提高消费者的满意度。四是绿色环保需求。环境友好型体验模式注重自然环境的保护和可持续发展，提供与自然互动和环保活动结合的康养体验，以满足客户对可持续旅游的需求。五是科技创新需求。随着科技的发展，消费者希望康养旅游产品能结合最新的科技，通过使用这些技术，例如虚拟现实（VR）、增强现实（AR）和智能设备等，提供更便捷、丰富和个性化的康养体验。

第二节　现代康旅产业的供给模式

一、中医药疗愈类康旅的供给

（一）中医药疗愈类康旅的基本内涵

中国是世界上老年人口规模最大的国家之一，也是世界上老龄化速度较快的国家之一。"十四五"时期是中国积极应对人口老龄化的重要窗口期，"银发经济⑰"迎来了新的发展阶段。自 2020 年以来，中国老龄化进程的加快在导致劳动力结构迅速变化的同时，也带来了对医疗服务需求的快速增长。然而，中国现有的医疗卫生服务体系并不能完全满足"老龄化"社会的需求。一方面，老年人口大多存在着医疗需求大、病程周期长、慢性疾病集中、自理能力差的特征；另一方面，目前中国医疗资源分布不均衡、优质资源过度集中的现状，使得老年群体就医的便利性、可及性和普惠性并未得到根本改善。因此，以中医药为核心形成的康养旅游模式是破解"医养分离"的重要抓手。

中医药疗愈类康旅是一种将中医药文化与康养旅游相结合的产业。它以中医药理论为基础，通过提供中医诊疗、中药养生、针灸推拿等服务，结合当地的旅游资源，打造具有中医药特色的康养旅游体验。在新冠疫情防控中，中医药在增强疾病预防与治疗方面的作用得到了凸显，中医药产业也由此获得了蓬勃发展的新机遇。传统医学在历史淬炼中积淀了颇为丰富的特色疗愈方式，尤其是在病症缓解、体质改善方面拥有极为宝贵的经验，且在多年传承中拥有了广泛的群众基础。中国有着丰富的中医药资源和厚重悠久的中医药文化，可用以发展中医药康旅模式的地域分布较为广泛。中医药疗愈类康旅供给模式是以中医药文化传播和体验为主题，融合中医疗养、康复、养生、文化传播、商务会展、中药材科考与旅游为一体的新兴产业。作为中医药产业的延伸和旅游业的扩展，这种模式可以使得康养旅游成为弘扬中华优秀传统文化的重要载体，让前来休养的旅游者获取养生保健知识，领悟中医药文化的魅力。

（二）中医药疗愈类康旅的主要特征

1. 顺应自然变化的养生模式

中医强调"养"，其"效法自然"的疗愈理念认为药材的药效与生长坏境息息相关，注重未病先防，既病防变，提倡"虚邪贼风，避之有时"，强调"处天地之和气，顺八风®之正理"，这种顺天时合天理的养生模式是中医药特有的理论支撑点，同时也成了中医药与其他产业连接的切入点。

2. 治病休闲互依的独特理念

以中医药资源与康养旅游产业相结合的中医药疗愈模式有着独特的理念："寓休闲于治病，寓治病于休闲。"这就与消费者追求健康、"返璞归真""放松身心"的需求相契合。因此，该模式是推进中医药资源、传统民族疗法、现代健康养生理念与旅游产业深度融合的前提和基础，也是改善"医养分离"现状的驱动因素。

3. 形神动静和谐的辩证统一

中医药疗愈重视精神的调养和肢体功能的恢复，只有人的精神健旺，才能使身体机能工作正常。比如中风患者，既有神的损伤，又有继发性的损伤。因此，既要调神使其醒神开窍，又要调形使其肢体灵活。在调养手段上，中医康复善于运用针灸、按摩、食疗、药疗、传统体育等康复方法并配合心理娱乐、音乐等调养情志的康复疗法，使形和神达到和谐。除此之外，在中医药疗愈中，强调利用导引功法如太极拳、气功、五禽戏、八段锦等进行合理运动，而不是类似于马拉松、快跑等剧烈运动。

（三）中医药疗愈类康旅的典型案例

江南药镇"中医康复—生态旅游—休闲养生"康旅产业链。江南药镇坐落于距离浙江省金华市磐安县城约 10 千米的地方，是浙江省唯一传承发展中药材产业的特色小镇。江南药镇以"天然中药材资源宝库"为基础，以"药材天地、医疗高地、养生福地、旅游胜地"为定位，通过培育中医药健康产业、旅游服务业和养生养老三大新兴产业，融产业、旅游、社区、人文功能于一体，是一个以中药材种植、深加工、市场贸易、中医康复、休闲养生、生态旅游等历史经典产业为主的多功能融合特色小镇。

作为"中国药材之乡"，磐安县境内共有 1 219 种药用植物，是浙江省最大的中药材主产区。早在汉代，著名医学家张仲景撰写的《伤寒杂病论》中就已有对"浙八味^①"的记载，其中的白术、元胡、浙贝母、玄参、白芍五味道地药材就盛产于磐安。2015 年，江南药镇被列入首批省级特色小镇创建对象，依托"浙八味"中药材产业，通过优化整合中药材产销加工、药膳药疗等资源要素，小镇打造了以保健康疗、养生服务和养生产品销售为特色的"中医药养生养老基地"，形成了"中医药大健康经典产业"全产业链。

江南药镇占地面积约为 3.9 平方千米。按照"一心两带多点"的规划思路，整个小镇总共设有中药材种植基地建设、中药材精深加工、中药材市场商贸流通、旅游保健、商贸服务、休闲养生及配套基础设施 7 大类 32 个项目，由三大功能区组成：一是依托"浙八味"市场，由药文化园、养生博览馆、中医药文化特色街区、中医院、康体养生园组成的江南药镇核心区，是江南药镇对外服务的主体部分；二是包括中医药主题公园、百草园在内的主题展示区，主要用于中药材的种植和展示；三是以中医药产业园建设为代表的产业区。其中，百中医药养生园、养生博览馆、中医药文化特色街区、百草园等项目的建设，逐步将江南药镇的功能由单纯的中药材种植、生产、销售延伸至旅游服务、医疗保健、养生研发等多个层面，由此打出了"药""医""养""游"四张牌。

综合来看，江南药镇依托富集的中药材资源，从传统的纯中药材种植转变为如今的产、供、销一体化模式，并在三次产业深度融合的基础上，形成了一条"中医康复—生态旅游—休闲养生"的康旅产业链，打造了集健康管理、健康旅游、健康文化于一体的疗愈康旅业生态体系。

二、生态养生类康旅的供给

（一）生态养生类康旅的基本内涵

进入 21 世纪后，随着经济的发展和城镇化进程的加快，城市人口的快速聚集和经济的高速增长也使得一系列城市发展与环境保护的矛盾逐渐凸显出来。同时，在人口老龄化和亚健康趋势愈加普遍化，生态污染日益加重的背景下，生态养生类旅游应运而生。近年来，中国着力实施生态文明建设，统筹推进山水林田湖草沙冰系统治理，深入挖掘重点生态功能，不断提升生态系统的质量和稳定性，提高生态系统碳汇增量，全国森林资源得到持续增长，森林面积超过 2 亿公顷，森林覆盖率达到 23.04%，森林蓄积量超过 175 亿立方米，有力改善了中国生态环境，也为发展生态养生类康旅模式提供了良好的生态条件、资源基础。

所谓生态养生类康旅，是指以自然生态环境为基础，以改善身体健康为目的，通过前往一些经过开发后具有一定调养功能的旅游景区、城市或国家进行休养、度假的业态形式。生态养生类康旅供给模式的旅游目的地一般分布于生态休闲旅游景区或自然生态环境较好的全域旅游区域，主要依托森林、温泉、山林、海洋等具有独特效果的生态资源，以养、旅为主，治、疗为辅。

（二）生态养生类康旅的主要特征

1. 绿色生态性

生态康养旅游作为旅游业发展到一定程度才会出现的一种形态，是健康养生与生态旅游相结合的一种形式。生态养生强调的是人与自然的和谐共生，需要综合考虑自然环境、地理条件、气候变化等因素，以及这些因素对人类生活和健康的影响。例如，选择一个空气清新、水质纯净、土壤未受污染的地方进行生态养生消费，需要考虑该地的地理位置、地形地貌、植被覆盖等因素。李后强在其著作《生态康养论》中重点论述了"生态康养"的内涵，尤其强调了健康高寿对生态环境、食品和人居环境等要素的较高要求。与其他康旅模式不同的是，该模式下的"生态"元素在健康养生中的特殊作用更加得以显现。森林中的负氧离子、温泉中的矿物质元素、草原的广袤开阔都是可以实现养生效果的重要元素，依托这些自然资源，配备相应的休闲养生、医疗康体现代化设备，以及集强身健体、休闲养生、养老于一体的旅游活动，旅游者可以参与到生态养生的情境中，感受目的地的生态特色和地区人文，最终达到疗养身心的效果。

2. 多元协同性

生态养生康旅作为生态文明的组成部分，以自然资源为根基，以健康为目的，不仅是健康中国战略的重要内容，也是一种环境友好、资源节约型的养生方式，是社会发展到一定阶段公众享受生态产品和追求美好生活的必然要求和迫切需要。生态养生涉及各种产品和服务，如有机食品、绿色家居、生态美容产品等，以及各种养生服务，如温泉疗养、森林浴、瑜伽等。这些产品和服务需要综合考虑消费者的需求和偏好，提供个性化的选择，需要相关多元主体进行协同。在人口日渐老龄化、亚健康状态普遍化和科学健康观念普及化的背景下，生态养生类康旅在民生福祉与生态文明建设，以及经济发展之间架起了一座连接的桥梁，实现了健康中国、生态保护、经济发展的协同共生，既是"两山理论"的生动表现形式，也是绿色生态价值实现的重要途径，完全契合人与自然和谐共生的绿色发展理念。

3. 消费综合性

生态养生康旅产品的市场受众层次多，康旅产品涉及的产业链条长，康旅要素覆盖较多，生态养生康旅产品涉及的市场覆盖面广，比较容易产生较大的综合消费总额。生态养生消费不仅关注身体健康，还涉及心理、精神、情感等多方面的健康需求。例如，参与生态旅游、户外探险等活动，可以促进身体健康，也能愉悦心情、开阔视野，提升心理健康和精神层面的满足感。不同的地域和民族有自己独特的生态文化和养生理念。生态养生消费需要尊重和借鉴这些文化传统，提供具有文化内涵的产品和服务，满足消费者对文化体验的需求。另外，随着科技的发展，生态养生消费也需要借助先进的技术手段来提高效率和品质。例如，人们可以通过智能家居技术改善居住环境，通过可穿戴设备监测健康状况等。

（三）生态养生类康旅的典型案例

德国巴登小镇"森林资源—治疗保健—休闲度假"康旅链。森林康旅起源于 19 世纪 40 年代的德国，威利斯赫斯镇创立了世界上第一个森林浴基地，并在 20 世纪 80 年代作为基本国策被纳入了德国的医疗保障体系。目前，德国全国范围内拥有超过 350 处森林疗养基地，年游憩者可达 10 亿人次，为德国旅游行业贡献了 67%以上的收入，其中最为著名的当数位于黑森林国家公园西北角的巴登小镇。

巴登小镇是世界著名的文化遗产小镇，同时也是德国重要的森林康养小镇，坐落于黑森林国家公园的西北角，小镇面积约为 140.18 平方千米，拥有 420 公顷的森林面积，覆盖了小镇约 3%的土地面积，居住人口达到 5.5 万人，其主要的发展经验包括：

1. 依托绿色自然环境，构建以预防和保健为主、治疗为辅的康养体系

巴登小镇拥有源远流长的历史文化和充裕的自然森林资源，前往小镇进行疗养的旅游者可以同时享受森林浴、温泉浴和心理调节的多重体验，促使视觉、味觉、触觉、嗅觉和听觉五种感官的全身心投入，在欣赏美景、品尝美食、聆听音乐、呼吸自然空气的过程中获得全方位的洗礼和放松。人们在体验历史文化和现代科技碰撞的同时，实现人文艺术与自然美景、运动与休憩的结合，促进身心和谐。同时，小镇还开设了众多独具地方特色的诊所，依托先进的医疗技术为旅游者提供由内至外的全方位疗养服务。

2. 依托文化旅游资源，打造特色康旅文化休闲中心

巴登小镇配有完善的旅游度假服务设施，每年举办的国际赛马会、世界舞蹈

晚会和国际会议展览都会吸引众多游客慕名前往。加之森林疗养的特色功能，使得巴登小镇成为一个集精英和高端人士的休闲度假中心、欧洲沙龙音乐中心、欧洲文化会议中心于一体的文旅小镇。

3. 针对不同层次需求，开发康养旅游综合性产品

基于不同年龄阶段的人群，小镇为其开发了相应的休闲服务项目，如为儿童配备水上游乐设施，为中青年提供从徒步到跳伞等各个级别强度的运动项目，为老年人提供贴心的医疗水疗服务，并辅以融合美食和历史文化知识的慢节奏小镇游览活动。针对出行团体人数的不同，巴登小镇则选择为个人、双人和多人家庭提供多样化的康旅套餐，涵盖饮食、住宿、SPA 等项目。针对具有不同出行目的的人群，小镇也进行了分类规划，为患者提供小镇疗养治愈，为游客申请免费的游客卡以享受优惠待遇，为参加会展的商务人士开发娱乐休闲产品。

综上所述，巴登小镇结合地域特色、生态特色、文化特色等因素，打造了以森林养生为主导产业，具有丰富文化内涵、旅游特征和一定调养功能的"森林资源—治疗保健—休闲度假"综合供给链，回归了疗养第一、社交第二、度假第三的森林康旅模式的本质。

三、文化休闲类康旅的供给

（一）文化休闲类康旅的基本内涵

中国文化源远流长，在历史长河中绵延数千年，积淀了深厚的文化底蕴，源源不断地为经济和社会发展提供滋养。从《道德经》到《庄子·内篇》，从《周易》[1]到《吕氏春秋》[2]，从《黄帝内经》到《千金要方》[3]，从《神农本草经》[4]《本草纲目》[5]到《茶经》[6]，中国传统文化中一直蕴含着对健康和长寿的探索和追求："阴阳平衡，动静相生，天人合一，形神兼济，春生夏长，秋收冬藏，节饮食，调情志，调和气血，补益五脏，道法自然，诗意栖居。"5 000 多年来中华养生文化的内涵不断得到丰富和延伸，形成了博大精深的养生文化体系。21 世纪后，移动互联网技术的兴起推动文化产业开始加速向其他行业和多个社会领域渗透，而在老龄化压力、亚健康、环境污染、慢性疾病频发与生活质量提升下对高品质体验、医疗保健、健康长寿的核心诉求之间的矛盾，直接促成了文化产业多业态融合的发展趋势，文化休闲类康旅业态应运而生。从 2013 年开始，国务院先后颁布了《关于促进健康服务业发展的若干意见》《关于促进旅游业改革发

展的若干意见》等一系列指导性文件，为文化休闲康旅产业的发展提供了政策支持。

文化休闲康养旅游即是在适当发掘利用当地传统康养休闲文化旅游资源的基础上，以优化人类生存现状与提升生活品质为目标，通过整合旅游目的地康养文化、自然生态环境资源和休闲养生资源开发的旅游产品和服务。文化休闲类康旅供给模式的主体是非物质层面的传统文化养生资源，如禅修、道教以及佛教等都可以成为文化休闲类康养旅游模式的可选文化基础。

（二）文化休闲类康旅的主要特征

1. 文化休闲的交融性

随着中国从旅游短缺型国家变为文旅型大国，人民群众的旅游观念也逐步从粗放低效旅游向精细高效旅游转变，从封闭的旅游自循环向开放的"旅游+[⑨]"融合模式转变，从大众化走马观花向小众式个性定制转变，"文化+旅游+康养"进一步实现了横纵双向融合，形成泛旅游[⑩]发展格局。文化休闲的交融性体现在：一是地域文化的融合。随着全球化进程的加快，不同地域的文化休闲活动在相互交流中逐渐融合。例如，西方文化中的咖啡文化与东方文化中的茶文化，原本分别代表了各自地域的养生生活方式，但在全球化的背景下，咖啡和茶都成为不同地域人们文化休闲活动的一部分。二是文化符号[⑪]的共享。许多文化符号，如音乐、电影、时尚等，成为全球范围内的文化休闲元素。三是文化创意的互鉴。各种文化创意在休闲活动中互相借鉴和学习，产生了许多跨文化的融合性创意。例如，将东方的传统手工艺与西方的现代设计理念相结合，创造出既有东方韵味又有西方特色的新文化产品。

2. 文化休闲的传承性

在中国传统文化的基因中，素来有以"养心"为本，辅以"养生"的理念，这也形成了国内康养产业发展的文化内涵。一方面，许多传统文化活动本身就是休闲方式，如民间舞蹈、戏曲、音乐、绘画等。这些活动具有浓郁的地方特色和民族色彩，是人们休闲娱乐的重要内容。通过参与这些活动，人们不仅可以放松身心，同时也能感受到传统文化的魅力，增强对传统文化的认同感和自豪感。另一方面，文化休闲活动也是传承传统文化的重要途径。许多传统文化活动需要得到保护和传承，而休闲活动可以为这些文化的传承提供平台和机会。例如，旅游作为一种文化休闲活动，可以让人们亲身体验传统文化的魅力，从而使人们更加了解和热爱自己的文化。同时，旅游也可以为传统文化的传承提供经济支持，促进传统文化的保护和弘扬。另外，依靠文化产业与康养产业的资源共享与短板互补，使得文化创意元素能够赋予康养产业更多文化内涵和趣味，从供给侧提升康养产业的品质，形成独具地方文化特色的优势产业，让更多的人参与文化的创造性转化和创新性发展。

3. 文化休闲的普遍性

普遍性表现为一种文化的普遍价值。这种价值是跨地域、跨时代、跨文化的，能够被不同的人群所认同和接受。例如，音乐作为一种文化休闲活动，无论是在西方还是在东方，古典音乐还是流行音乐，都能够触动人们的心灵，带给人们美的享受。普遍性还表现为一种文化的包容性和开放性。这种包容性和开放性能够接纳各种不同的文化元素，让更多的人参与到文化休闲活动中来。例如，许多主题公园、博物馆等文化场所，通过展示不同文化背景下的艺术品、文物等，吸引着来自不同国家和地区的人们前来参观和体验。此外，普遍性还表现为一种文化的创新性和适应性。这种创新性和适应性能够不断推陈出新，适应时代的发展和人们的需求变化。例如，电影作为一种文化休闲活动，通过技术的不断更新和发展，呈现出更加丰富的视觉效果和情感体验，满足了人们对于文化休闲的需求。因此，文化休闲的普遍性在人们生活中无处不在，特别是以文化旅游、民俗文化[2]、体育康体、文化娱乐、中国传统节庆[3]等为龙头而形成的经济形态和产业系统，生态园区、博物馆、体育、影视、出版、交通、餐饮以及由此连带的产业群，都涉及文化休闲的要素。

（三）文化休闲类康旅的典型案例

四川峨眉山"宗教文化—休闲健身—养生膳食"康旅产业链。佛教[1]自两千多年前传入中国至今，已深深渗透于中华传统文化的基因中，对中国的语言文字、文学、艺术、民俗、礼制以及中国百姓的精神生活都产生了深远的影响。经过长时间的弘扬和传播，佛学在与儒家、道家文化的相互碰撞、激荡、冲突和融合中，形成了具有中华文化特色的中国佛学，无论是在中国哲学史乃至东方文化史上，或是在人类文化发展和文明进步的历史中都占据了举足轻重的地位。由此，以佛教文化为主题的康旅模式逐渐兴起，其中最具代表性的就是四川的峨眉山风景区。

峨眉山地处四川盆地西南部，集雄、秀、幽、奇、险于一身，景区占地面积达 154 平方千米，最高峰万佛顶海拔高达 3 099 米，宗教文化浓厚，有"仙山佛国"之称，是中国四大佛教名山之一。景区内共建有寺庙约 26 座，其中以报国寺、伏虎寺、清音阁、万年寺等为代表，周边环境清幽、神秘、超然，平日佛事频繁、佛教文化底蕴深厚，受到来自四海信士的敬仰，是国家5A级风景名胜区，并于1996年被联合国教科文组织列为世界文化与自然遗产。

众所周知，峨眉山以其底蕴深厚、内涵丰富的佛教文化著称，被誉为佛教名山，但事实上，峨眉山也是极其重要的道教洞天福地，纵使峨眉道教自明代开始逐渐没落，但并未完全销声匿迹，其养生文化至今仍在峨眉地区有所传承。因此，峨眉山的文化康旅主要包含佛教和道教两方面，是两教文化相互渗透、不断交融的结果，主要包括峨眉武术、佛教音乐、养生膳食、长寿文化等。

1. 峨眉武术

峨眉武术具有悠久的历史渊源和厚重的文化内涵，自先秦由司徒玄空创设至今，已经历了2 500多年的沉淀，可以说是峨眉山发展历程的见证者，见证了峨眉山道教由兴盛走向衰落，佛教由兴起走向繁荣的全过程。因此，自峨眉武术创立以来，就不断吸收道教导引、行气以及佛教禅修等养生文化，实质上是佛教康养文化和道教养生思想的融合体，具有博采众长、形神兼修、阴阳平衡、动静相宜等特点。长期练习峨眉山武术，可以达到强身健体、调养身心、治疗疾病、延年益寿的功效。

2. 佛教音乐

目前，峨眉山景区内尚在使用的佛教音乐有100余首，其中，常用于佛事活动的有60余首。虽然这类音乐较为小众，但因其蕴含着深厚的佛教文化，也成了中国民间音乐体系中的一项重要的文化遗产。佛教音乐以远、虚、淡、静为特点，给予听者一种超脱世俗、脱离苦海、修行得道的神秘感受，具有净化心灵、陶冶性情、摒弃浮躁的效果，让人淡化世俗欲望、放下贪痴执念，从而拥有广阔的胸襟和豁达的心态，由此修养身心。

3. 养生膳食

由于峨眉山康养文化具有佛教和道教养生思想的二重性，其养生膳食被划分为素斋和中医药膳两类。其中，素斋更多地源于佛教文化中的"戒荤腥"，经过清炒、熬粥、煨汤等烹饪方式，达到美容养颜、补肾壮阳等效果。在中医药膳方面，峨眉道士更多通过服食草药来实现延年益寿的目的，而峨眉山中药材资源富集的特性也驱使历史上兼具道士和医学家双重身份的孙思邈前往此处炼药修行，由此兴起了峨眉山中医药膳的养生文化。

4. 长寿文化

峨眉山作为四大佛教名山之一，诸朝历代都曾有耄耋和期颐之年之长寿高僧，其间有世寿127岁的南北朝时期峨眉山中峰古刹淡然大师、高寿千岁的宝掌和尚，而年逾八十的长寿高僧更是不胜枚举。峨眉山独特的气候风貌和自然资源为其奠定了得天独厚的康养产业发展基础。

此外，就自然资源而言，峨眉山属亚热带湿润气候，年均气温保持在16.8℃，使得人体生理机能可以长期处于较好状态。而景区内高达87.2%的植被覆盖率则使其拥有充足的负氧离子，具有安神助睡、降低血压、舒缓精神的功效。同时，峨眉山优质的水资源还孕育了各类山珍美味和珍贵山茶，进而演变出当地人禅茶养生的习惯。独特的山势地貌还造就了峨眉山丰富的温泉资源，其中尤以氡温泉和硫温泉居多，温泉中含有的丰富微量矿物质可浸养身心、强身健体、祛病养生，有益于人体健康。现代医学研究也表明，人体消化系统、心血管、呼吸系统、运动神经系统等多类疾病的疗愈都可以借助泡氡温泉和硫温泉实现。就生活习性而言，佛教养生文化的普遍传承使得当地百姓养成了非常规律的作息，如佛教饮食文化中的食有节、过午不食、口味清淡等，加上每日闻经诵佛的耳濡目染，都让居住在这里的人拥有了超脱世俗的心态。

由此可见，良好的山地环境、丰富的养生资源、悠久的佛教康养文化都为峨眉山"宗教文化—休闲健身—养生膳食"康旅供给链奠定了坚实的资源基础。同时，依托周边的干部疗养院，峨眉山康旅供给链正在逐步向医疗护理延伸，在未来将实现兼具人文、自然、保健三类元素且更加完整闭合的康旅供给链。

四、休闲体育类康旅的供给

（一）休闲体育类康旅的基本内涵

老龄化时代的到来以及慢性病年轻化的特征推动运动休闲产业进入快速发展阶段，大众赛事进城、户外运动下乡，传统的休闲体育活动已从小众的户外探险、短时的运动度假，向日常的健康养生、养老领域渗透，全民健身理念深入人心，手机计步App、运动打卡、运动挑战赛、城市马拉松等活动深受各个年龄阶段群体的青睐，为打造休闲体育类康旅模式提供了条件。这类康旅模式的独特之处在于兼具了观赏（如观赛满足精神需求）与参与（如山地徒步）两方面的需求，是一种以旅游为基础，以当地或周边运动资源或大型运动活动为依托，以参与运动或观看比赛为主要内容，以休闲养生、促进健康为目的的产业模式。

休闲体育类康旅主要是以休闲体育运动为主要内容的康养旅游活动。它旨在通过参与具有休闲性质的体育运动，达到锻炼身体的效果，对于身心健康有很大的益处。休闲体育类康旅供给模式是通过开发山地运动、水上运动、户外露营、定向越野、养生运动、极限运动、传统体育运动、户外探险等康体养生产品，配以休闲、养生设施，汇集了全民健身、健身培训、大众赛事、餐饮住宿、休闲娱乐等多种休闲业态，有效推动了体育、旅游、度假、健身、赛事等多业态的深度融合发展。

（二）休闲体育类康旅的主要特征

1. 休闲体育的自然性

在参与休闲体育类康旅过程中，各类休闲体育旅游项目为游客提供了亲近自然的机会，可以充分展现人与自然之间的关系。作为拥有悠久历史与文明的大国，无论城市还是乡村都在历史的发展长河中保留了诸多充满地域特色的文化资源，并使其在休闲体育大力发展的当下为休闲体育类康旅的发展提供了资源与场地。休闲体育类康旅项目的建设需要从田野、高山、渔村、草原和森林等多样化自然景致着手，并在城市、乡村不断发展和变迁的基础上有机结合自然资源、人文景观及休闲体育运动。

2. 休闲体育的层次性

一般而言，休闲体育运动主要是指自由选择程度较高且内在动机较强的活动，那么休闲体育类康旅项目的层次性就主要体现在活动内容难度、人群年龄划分及消费能力三个方面，即由于参与康旅项目的人群在年龄阶段和爱好需求方面具有异质性，其对项目中体育方式的选择也必然各有差异。就人群的年龄阶段而言，儿童和青少年注重活动项目的新奇性和探索性，青年人偏向具有对抗性和挑战性的活动，中年人的选择更关注活动的档次、质量和品位，而老年人则更倾向于具有较强互动交流性质的活动。就活动内容的困难程度而言，休闲体育类康旅项目完成的标准规范需要依据活动内容本身的难易程度，以及游客的自我评价而定。就参与人群的消费水平而言，其层次性主要源于城市和乡村居民、高收入和低收入人群之间的收入差距。

3. 休闲体育的多元性

由于休闲体育类康旅项目主要依托田野、高山、森林、山寨、湖泊、海洋、草原等自然资源，因此各地区优美景致的多样性也决定了此类康旅项目的多元性，能让游客同时体验到多种体育活动。同时，此类康旅项目的建设促进了自然资源、人文景观、休闲体育与地区发展的有效融合，使得原有生产形态愈发完整，并在运转形式有效改善的基础上增强休闲体育类康旅项目的特色，推动地区经济效益、环境效益和社会效益的同步提升。

（三）休闲体育类康旅的典型案例

瑞士达沃斯[1]小镇"空气疗养—山地运动—旅游观光"康旅产业链。阿尔卑斯山脉是欧洲最高大、最雄伟的山脉，也是世界知名的高山风景区和山地养生旅游胜地，有"高山疗养乐园"的美誉，其平均海拔可达到 3 000 米。海拔 1 500 米以上的高山或高原大多拥有凉爽的气候，能使人阳气内敛，耗散较少，生物钟变得更加规律。高山广袤的地势、稀少的人群和幽静的环境能使人情绪稳定，气血和畅；清新的空气、充足的阳光、适宜的湿度以及独特的景观，都为疗养度假奠定了良好的基础。在高山兴建疗养院，已成为欧洲许多国家的一种时尚，尤其适合患有呼吸系统、神经系统及过敏性疾病的慢性病患者前往休憩。其中，欧洲著名疗养胜地——达沃斯小镇就是融合山地运动和疗养旅游的典型代表。

达沃斯（Davos）是位于瑞士东南部格里松斯地区的一个城镇，坐落在一条长达 17 千米的山谷里，靠近奥地利边境，是阿尔卑斯山系最高位置的小镇，海拔约有 1 560 米。小镇坐落在高山积雪、茂盛山林和山谷湖水之间，整体呈狭长的东西走向，虽然仅有 1.3 万人口，但却是瑞士知名的集运动度假和康养度假于一体的国际型胜地。

一方面，达沃斯是以空气资源享誉世界的疗养胜地。达沃斯拥有得天独厚的天然地理资源，四周雪峰绵延，树木葱茏，景色优美，是欧洲大型的顶级滑雪胜地之一，每年都吸引着逾 70 万游客前来度假，成为各界名流娱乐休闲的热门选项。然而，达沃斯小镇最早却是以空气闻名世界的，被誉为阿尔卑斯地区空气最洁净的地方，优质的气候条件也促使其成为欧洲著名的疗养胜地。早在 19 世纪，当肺结核还是不治之症、呼吸道传染病治疗费用昂贵时，有一位寻求政治庇护的德国医生亚历山大来到此处，发现达沃斯因为海拔高，四面环山，空气干爽清新，对保健具有极大的帮助，尤其有利于医治各类肺病。随后，小镇上便相继开设了一系列与医治呼吸系统疾病及其他慢性病相关的疗养院连锁店，吸引众多病人纷纷前往接受空气治疗，成为医疗与康养旅游紧密结合的热门地点。

另一方面，达沃斯是以体育运动占领市场的度假中心。进入 20 世纪后，为满足游客休闲康旅以及体育健身的需求，依托山地优势和冰雪资源，达沃斯先后建成了世界第一条雪橇道、第一条滑雪索道、第一个高尔夫球场以及欧洲最大的天然溜冰场，并成为国际冬季运动中心之一。小镇的滑雪场可分为七个部分，其中帕森地区（Parsenn）是占地面积最大也是最受游客青睐的滑雪场，延绵起伏的山脉、洁白细腻的厚雪和天然形成的各种难度级别的斜坡，为帕森地区提供了绝佳的滑雪条件，场内共拥有一百多条滑雪道和一条长达九英里（1 英里 = 1.6千米，下同）的双滑雪道，每年大批慕名而来的游客和冬季运动狂热者都将通过参与滑雪运动来达到强身健体的目的。即便是带有孩子和老人的游客，也可以通过冬季散步、短途旅行、观看冰球赛事等活动愉悦身心、疗养度假。

作为以养生资源兴起、依靠体育运动产业占领市场的多位一体疗养旅游胜地，达沃斯小镇通过将自然环境优势延展到特色产业链开发上，形成了以"空气疗养—山地运动—旅游观光"功能型康旅产品链为核心的综合开发模式，牵引着体育、旅游、医疗等多元产业的集聚，成为以空间休闲性塑造特色供给链的典型代表。

五、乡村田园类康旅的供给

（一）乡村田园类康旅的基本内涵

当前，经济增长及中等收入群体数量的持续增长、带薪休假制度的进一步落实和居民消费结构的变化，推动着传统以休闲观光为主流的旅游市场逐渐向以旅游居住为核心，结合观光、休闲、体验、养生的康旅市场转变。对逃离城市喧嚣的渴望，以及对回归健康休闲生活的需求，使得乡村旅游度假开始形成以关注游客身心健康为主要诉求的产业发展新格局。在乡村振兴战略和健康中国战略大背景下，乡村田园康旅作为一种可以多方面满足游客各种需求的新型文旅模式，迎来了黄金发展期。

乡村田园类康旅主要是以乡村环境为依托，结合田园风光、农业资源和生活方式，为游客提供乡村休闲、康体和养生的旅游体验。乡村田园康旅是农业与康养旅游业二者相交互的产物，即在乡村范围内，以田园自然康养环境与人文环境为依托，以"三农"为载体，以多产业融合为手段，以科学养生方法为指导，满足游客康体保健体验、乡村休闲度假、农业观光教育等健康养生目的的新型农业旅游模式。乡村田园类康旅的供给主要面向那些久居城市，注重精神体验，且对返璞归真的田园生活和热情友善的邻里氛围有所向往的游客群体，通过借助真实的农事体验、优质的生态环境、便利的城乡交通、闲置的农村住房等基本元素，为游客提供慢节奏的健康养生氛围。

（二）乡村田园类康旅的主要特征

1.“以静养心”的田园体验

乡村的景观资源是以静养生的主要依托。经过悠久的历史演变，山、水、生物等风光都彰显出“天人合一”的精神本质，和谐的景观从视觉和心灵上都能给予人美的熏陶，产生与自然融为一体的感觉，从而远离浮躁与喧嚣，释放郁闷与压抑，调节人体各项生理机能，达到养生保健的功效。

2.“以动养身”的农耕参与

“以动养身”是中国从古代时期起就形成的朴素养生观念，原始的农耕活动和农事体验，能够让游客感受古老的农耕文化[①]和对天地的敬畏之情，特别是在适当的农耕活动参与过程中，身体能得到锻炼。“以动养身”的农耕参与依托农场租赁、科技农场等现代运作方式，为都市人创造修身养性的基础条件。

3.“以食养生”的健康饮食

作为生命赖以存在的物质基础，饮食与健康和疾病的关系一直是中医古籍重点探讨的话题。乡村的“以食养生”的健康饮食主要体现在时令养生和有机养生两方面，时令养生强调“春生、夏长、秋收、冬藏”的不同养生之法，坚持“不时不食”的理念，而有机养生食品则是由乡村提供的纯天然、无污染食材组成的养生食品，二者的结合为人类机体的调节和康旅模式的发展奠定了良好的基础。

（三）乡村田园类康旅的典型案例

美国黑莓牧场“农事体验—养生保健—度假居住”康旅产业链。黑莓牧场坐落于美国东南部国家公园——田纳西大烟山脚下，于 1940 年建成，是一个拥有 80 多年历史的著名私人牧场。牧场以其优美的自然景观闻名，拥有美国最奢华的乡村酒店，总占地面积达到 4 200 英亩（1 英亩＝4 046.86 平方米，下同），是集住宿餐饮、休闲娱乐、观光游览、健康养生等多功能于一体的乡村度假旅游区，有“美国第一乡村休闲胜地”之称。按照不同人群的需求，整个黑莓牧场主要分为 5 个功能区：会议接待和餐饮区、农园种植体验区、动物牧场区、体育运动休闲区和住宅区。

会议接待和餐饮区是度假村的主要服务功能区，主要承担牧场的餐饮接待功能，是举行团体活动的主要场所。为满足不同人数的会议需求，会议室分为四种不同规格，隆重且富有格调的装修风格常常吸引着国内外高端商务人士来此休闲娱乐。同时，会议室还常用于定期举办以美食为主题的节日，如品酒[①]节，因此这里成为世界知名品酒师与游客交流品酒艺术的重要场所，也是上流社会社交聚会的首选场地。作为一直让黑莓牧场引以为豪的餐饮，所采用的每道食材基本是产自于本地农场的纯天然绿色食品，餐厅主厨还可以根据顾客的意愿来烹饪每一道菜并提供特制服务。除此之外，牧场每个季度还会根据当时的时令安排不同的烹饪课程，让前来度假的游客在享受美食的同时体验自己动手的乐趣。

农园是牧场的农业生产基地，由大片的果树林和菜园组成，并配以少量的农产品加工场所，可以为牧场餐区提供70%的食材。在农园种植体验区，游客可以亲身参与到农事生产中，学习种植蔬菜、采摘蔬果、即时烹饪等。而室外种植的南瓜、玉米、葫芦等各类农作物在满足食材供给的同时，也构成了特有的田园风光，营造出更加浓厚的乡村气息。

体育运动区则可以为游客提供进行各类活动的运动场所，如网球、羽毛球、棒球戏、高尔夫、陶土飞靶、钓鱼、推圆盘游戏等传统运动，还有单车自驾、骑马远行、徒步远足、划独木舟、木筏漂流、摩托车越野和热气球等野外活动。此外，牧场内还设有全美最好的农庄SPA馆，在充分利用茉莉花、薰衣草、香柠檬、洋甘菊、肉桂等自然植物作为SPA原料的基础上，依照不同人群的护理需求提供缓压、新生、四肢、抗衰老等针对疗法和按摩服务，以达到养生保健的疗效。

农庄的居住区大多面朝山谷、依坡而建，每栋住所风格千秋各异，并根据居住者的人数分类设计了不同规格。人性化的设计和对细节的把控、清新的空气和怡人的风景，都为前来休养生息的游客提供了由内至外的绝佳体验，供久居于城市喧嚣之中的人们尽情享受乡村的悠闲生活。

由此可见，黑莓牧场既是将康养带入田园、赋予休闲农业新功能的成功实践，也是当前打造田园综合体的典型范例。"农事体验—养生保健—度假居住"的产业链运作方式，为前往度假的旅客提供了集餐饮、康复、娱乐、居住于一体的全方位体验，也造就了其"自由的家"核心理念的丰富内涵。

第三节 康旅产业供给侧的发展趋势

作为传统旅游的升级版,康养旅游逐渐成为一种对高质量生活的补充,具有滞留时间长、旅游节奏慢、消费能力强、重游率高、强身健体等特征,实现了由单一游览观光向满足体验地方文化、融入当地生活、追求健康养生、享受自然风貌等需求的升级转变。尤其是在"健康中国"战略的大背景下,康养旅游产业的优势愈发凸显。人们追求更高质量的生活环境,对疗养、康养型休闲度假旅游需求显著增加。在需求刺激和政策支持的双重作用下,中国康养旅游行业供给侧已初具规模,数据显示,2016—2021 年中国康养旅游产业市场规模增长率约为20%,2020 年中国康养旅游产业市场规模可达 868.74 亿元,同比增长 5.23%,康养旅游示范基地已遍布于四川、山东、云南、贵州、江苏等全国多个地区,主要提供包括生态养生康养旅游、运动休闲康养旅游、文化养生康养旅游和医疗保健康养旅游在内的多种产品模式。总体而言,目前国内的康养旅游产业正处于产业体系逐步完善、与其他行业融合发展、本土康养休闲旅游文化逐步形成、核心吸引物带动康旅持续发展的阶段,仍存在较大的进步空间。

在此背景卜,康养旅游在朝着"大健康"与"大养生"两大新康养元素纵向融合的同时,也在向智慧健康、生活方式等领域横向拓展,呈现出"产品供给多元""目标受众扩大""缺失要素完善"三大趋势。

一、康旅产品供给多元,产品质量显著提升

康旅产品是一个综合性的概念,不仅指相关商品,还包括一系列配套的服务和设施等。在"健康中国"战略背景下,多项促进康旅产业的利好政策颁布施行,加之老龄化和疫情的双重驱动,康旅产业已成为一个巨大的风口。在政策夯实、客群泛化、需求迭代、元素年轻化的推动下,康旅产业由传统单一的养老业态[1]开始向养生、医疗、文化、体育等诸多业态渗透,由此形成了一个整体的生态系统,并驱使康旅产品的供给不断多元化。从旅游产业的发展角度来看,康旅产品供给具体包括:一是健康旅游产品,以健康为主要目的的旅游活动相关产品,如温泉旅游、森林浴、健康养生旅游等。这种类型的旅游产品可以满足人们

对于身心健康的需求，具有很大的市场潜力，但也要考虑产品的生命周期[19]。二是文化旅游产品，结合当地的文化资源，推出具有地方特色的康养文化旅游产品，如民俗文化村、养生博物馆、养生体验馆等。这种类型的旅游产品可以满足人们对于康养文化探索的需求，提高旅游的附加值。三是体育旅游产品，结合体育活动和旅游资源，推出体育旅游产品，如户外探险、攀岩、滑雪等。这种类型的旅游产品可以满足人们对于刺激和挑战的需求，以特色运动项目来锻炼身体，同时也有助于推动体育产业的发展。四是农业旅游产品，结合农村资源，推出农业旅游产品，如农家乐、采摘体验、乡村旅游等。这种类型的旅游产品可以满足人们对于亲近自然和体验乡村生活的需求，促进游客身心愉悦。五是城市旅游产品，结合城市资源，推出城市旅游产品，如城市观光、购物、美食等。这种类型的旅游产品可以满足人们对于现代城市生活的需求，提高城市的知名度和美誉度。

现代康旅产品质量提升的表现是多方面的，包括服务质量的提升、产品创新升级、设施设备升级、安全管理和品牌形象[12]塑造等。这些提升可以为游客提供更好的旅游体验和服务，促进康旅产业的持续发展，具体包括：一是服务质量提升。康旅企业通过加强员工培训、优化服务流程、提高服务标准等方式，提升服务质量。游客可以享受到更加专业、贴心、高效的服务，提高旅游体验满意度。二是产品创新升级。康旅企业不断推出新的旅游产品，结合市场需求和当地资源，提供更加多样化、个性化、差异化的旅游产品，满足游客的多样化需求。三是设施设备升级。康旅企业不断投入资金，升级设施设备，提高硬件水平。游客可以享受到更加舒适、安全、便利的旅游设施，提高旅游的舒适度和安全性。四是加强安全管理。康旅企业加强安全管理，制定完善的安全管理制度和应急预案，确保游客的人身安全和财产安全。五是品牌形象塑造。康旅企业注重品牌形象的塑造，通过品牌宣传、形象设计、口碑营销等方式，提高品牌的知名度和美誉度。游客可以更加信任和认可康旅企业的产品和服务。

二、康旅产品的目标受众扩大，产业发展逐步成熟

就市场需求而言，以往的康旅产品主要侧重于对身体的养护，如保健、运动、休闲等产品服务，但近年来，康旅产业的蓬勃发展驱使其更多地强调对人们心理健康、思想、信仰等精神层面的养护，如艺术鉴赏、禅修、心理咨询等，康旅的基本目的也随之从实现寿命的延长到实现生命丰富度的扩展。同时，快节奏

生活、超负荷工作和相对恶化的环境刺激着城市人群对康养旅游的追求，由此带来了康旅目标受众数量的激增和规模的扩大，各个年龄阶段的人群都被囊括在内，而不同群体的康旅需求在为行业带来巨大潜在市场的同时，也推动该行业逐渐走向成熟。因此，康旅目标受众的扩大表现为年龄层次、消费能力、地域范围、旅游需求和健康观念的普及等多个方面。这种扩大为康旅产业的发展提供了更广阔的市场和商机，具体包括：一是年龄层次扩展。康旅产品的目标受众不再局限于某一特定的年龄层次，而是逐渐向全年龄层次扩展。从儿童到老年人，都可以在康旅产品中找到适合自己的旅游方式和体验。二是消费能力提升。随着经济的发展和人们收入水平的提高，康旅产品的目标受众也在不断扩大。从高端消费群体到中低端消费群体，具有不同消费能力的游客都可以在康旅产品中找到适合自己的旅游方案。三是地域范围扩大。康旅产品的目标受众不仅局限于某一地区或国家，而是逐渐向更广泛的地域范围扩展。国际游客的数量不断增加，康旅企业开始在全球范围内开展业务，提供跨国界的旅游服务。四是旅游需求多样化。康旅产品的目标受众有着多样化的旅游需求。除了传统的观光旅游、休闲旅游等需求外，游客对于文化、体育、健康、教育等方面的需求也越来越强烈。康旅企业开始提供更加多样化、个性化、差异化的旅游产品，以满足不同游客的需求。五是健康观念普及。随着健康观念的普及和人们健康意识的提高，越来越多的人开始注重身心健康，将旅游与健康结合起来。康旅产品的目标受众开始扩大到注重健康、追求身心平衡的游客。

在目标受众规模扩大的驱使下，更多行业加入康旅产业发展之中，使得康旅产业的聚集效应越来越明显，在服务质量提升、品牌化建设、智能化发展、资源整合、可持续发展、国际合作和法规政策支持等与产业发展相关的多个方面逐步成熟，具体包括：一是服务质量提升。随着游客对旅游体验和服务质量的不断追求，康旅产业开始注重提升自身的服务质量。这包括提供更加专业的健康管理服务、更加周到的旅游咨询服务、更加完善的预订和退改服务等方面。二是品牌化建设。康旅企业开始注重品牌化建设，通过打造知名度和口碑来吸引更多的游客。品牌化建设包括建立康养旅游的品牌形象、推出康养旅游的产品线、开展营销推广等方面。三是智能化发展。康旅企业开始利用现代科技为游客提供更加便捷和高效的康养服务。例如，利用智能手环、智能健身器材等设备为游客提供更加个性化的健身计划和健康管理服务，利用虚拟现实技术为游客提供更加身临其境的康养体验。四是产业资源整合。康旅企业开始进行资源整合，以更好地满足游客的需求。这包括整合景点资源、酒店资源、交通资源等，提供更加全面的旅游方案。五是可持续发展。康旅企业越来越注重可持续性发展，通过环保材料、节能技术等手段降低能耗和排放，实现产业与环境的和谐发展。同时，康旅企业也注重资源的循环利用和生态保护，提高产业的可持续发展能力。六是国际化合作。康旅企业开始加强国际化合作，引进国际先进的管理经验和技术，提高自身的竞争力和品牌影响力。同时，康旅企业也积极开拓国际市场，为游客提供更加丰富、多元的旅游产品和服务。七是法规政策支持。政府出台了一系列支持康旅产业发展的法规和政策，为产业的健康发展提供了保障和支持。例如，政府加大对康旅产业的投资力度，出台税收优惠等政策，促进产业的快速发展。

三、缺失要素逐渐完善，产业发展逐步规范

康旅产业缺失要素逐渐完善的体现包括政策支持、基础设施建设、康旅人才培训、产业链^①整合、科技创新和国际化合作等方面，这些方面的完善为康旅产业的持续发展提供了有力支撑，具体包括：一是政策支持。政府对康旅产业的政策支持力度逐渐加大，为产业的健康发展提供了保障。例如，政府出台了相关法规和政策，规范了康旅产业的管理和服务标准，为游客提供了更加安全、可靠的旅游环境。二是基础设施建设。康旅产业的基础设施建设逐渐完善，包括旅游景区、酒店、交通等方面的建设。这为游客提供了更加舒适、便捷的旅游体验，提高了游客的满意度和忠诚度。三是康旅人才培训。康旅产业的人才培训逐渐加强，为产业的可持续发展提供了人才保障。例如，政府和企业加大了对康旅专业人才的培训和引进力度，提高了从业人员的专业素质和服务水平。四是产业链整合。康旅产业的产业链整合逐渐加强，包括旅游、酒店、餐饮、医疗等多个领域的整合。这为游客提供了更加全面、个性化的服务，提高了游客的旅游体验感和满意度。五是科技创新。康旅产业的科技创新逐渐加强，利用现代科技为游客提供更加便捷、高效的服务。例如，利用大数据、人工智能等技术手段为游客提供更加个性化的服务，提高游客的旅游体验感和满意度。六是国际化合作。康旅产业的国际化合作逐渐加强，引进国际先进的管理经验和技术，提高自身的竞争力和品牌影响力。同时，康旅企业也积极开拓国际市场，为游客提供更加丰富、多元的旅游产品和服务。

康旅产业供给侧缺失要素逐渐完善，直接促进了产业体系的规范化发展。康旅产业发展的规范化体现在政策法规的完善、服务标准的制定、人才培养的加强、科技创新的推动、行业自律的加强和监督管理的强化等方面，具体包括：一

是政策法规的完善。政府出台了一系列关于康旅产业的政策法规，对产业的发展进行规范和引导，保障了产业的可持续发展。这些政策法规涉及康旅产业的各个方面，包括旅游、医疗、教育等。二是服务标准的制定。为了提高康旅产业的服务质量，政府和企业制定了一系列的服务标准，包括服务质量、安全卫生等方面。这些标准的制定和实施，为游客提供了更加安全、可靠的服务。三是人才培养的加强。康旅产业的发展需要大量的人才支撑，政府和企业加大了对康旅专业人才的培训和引进力度，提高了从业人员的专业素质和服务水平。同时，康旅企业也加强了对游客的教育和培训，提高了游客的安全意识和文明素养。四是科技创新的推动。科技创新是推动康旅产业发展的重要动力，政府和企业积极推动康旅产业的科技创新，利用现代科技提高服务质量和效率。例如，利用大数据、人工智能等技术手段为游客提供更加个性化的服务，提高游客的旅游体验和满意度。五是行业自律的加强。康旅产业内的企业和组织加强了行业自律，通过建立行业协会、制定行业自律规则等方式，规范自身行为，维护行业秩序和形象。六是监督管理的强化。政府加大了对康旅产业的监督和管理力度，对违法违规行为进行严厉打击，保障游客的合法权益。同时，康旅产业也加强了对企业的监管，确保企业按照规定要求提供服务。

第四节　康养产业与旅游产业的融合

一、康养产业要素与旅游产业要素有关"食"的融合

"食"融合强调将食疗纳入康养旅游体验过程。中华饮食文化源远流长，从东海之滨到雪域之巅，从热带海岛到北地冰原，各个民族和地区在餐饮方面都有着独特的爱好与讲究。依托地大物博、人口众多的优势条件，我国各地区、各民族饮食口味之杂堪称世界之冠。近年来，随着康旅产业如火如荼地发展，康养饮食也逐渐成了人们关注的焦点，即运用食物的特性来调整人体机能从而达到防病治病的目的。康养产业与旅游产业的融合强调以"内调+外养"服务于人，推动康旅与健康餐饮的融合势必进一步丰富康旅产业的内容。

一方面，中国自古倡导"国以民为本，民以食为天"，防止"病从口入"。因此，康养产业与旅游产业融合的一个关键点在于，利用药食同源[12]对不同体质

的人进行功能调节。游客可根据自己身体状态因人而膳，从食品源头上通过一日三餐预防和辅助治疗各种疾病，由此为游客提供更加健康的餐饮理念。另一方面，健康饮食的需求为康养产业与旅游产业的跨界融合指明了新方向。高端餐饮、营养汤饮、精品甜点等细分领域提供的营养膳食多维度促进了"健康餐饮"的发展，催生出更多富有创意的产品和服务。例如，可以建设"长寿+药膳+康养"小镇：依托长寿文化，大力发展长寿经济，形成以食疗养生、山林养生、气候养生等为核心，以养生产品为辅助的集健康餐饮、休闲娱乐、养生度假等功能于一体的健康养生养老体系；将中医"药食同源"的理念与旅游中的美食体验充分结合，形成独特的药膳美食之旅。食物不局限于药膳，更多的是体现在健康食品的享用。健康食品的开发，可以与休闲农业相结合，通过发展绿色种植业、生态养殖业，开发适宜于特定人群、具有特定保健功能的生态健康食品，同时结合生态观光、农事体验、食品加工体验、餐饮制作体验等活动，推动健康食品产业链的发展。

二、康养产业要素与旅游产业要素有关"住"的融合

"住"融合注重为旅游者提供短暂的康疗旅居或接待服务。环境恶化、社会竞争加剧、慢性病[123]患病率提高等因素引发了人们对健康服务的强烈需求，"康养酒店"等新兴概念逐渐走入大众视野。所谓康养酒店，实质上是以酒店为载体，以改善生活方式和全面健康提升为目标，实现健康养生与旅游度假完美结合，实现非医疗化、非侵入式[124]健康服务体系与酒店管理体系有机融合的有形平台。从世界范围来看，欧洲（如瑞士、奥地利等国家）、东南亚等度假胜地的康养酒店发展较为成熟，而我国康养酒店尚处于起步阶段，单纯作为康养目的地的高端酒店数量极为有限。目前，国内以康养元素为主题的酒店选址主要集中于温泉资源丰富的度假区域，如广东、福建、云南、河北等，形式以温泉度假村为主，致力于为前来放松休闲的游客提供疗养场所。

作为康养旅游产业的重要支点，康养酒店能够吸引游客在文旅行业淡季于康养酒店旅居，在助力行业减少传统旅游的季节性差异的同时，促进旅游产业与高端养老产业的可持续发展。就具体的运营而言，首先，康养酒店可以为入住个人及家庭提供专业健康知识普及、健康管理方案执行等一系列全天候线上线下陪伴式健康管家服务，并通过建档的方式做到实时健康问题答疑和健康干预方案制定。其次，康养酒店还可以为客户在短期住宿期间提供全面身体检查、定制短期

可量化身体健康指数的训练计划。最后，康养酒店根据市场定位，可以在客户入住期间提供健身客房、养生菜单，组织烹饪课程、美食品鉴、户外运动等项目，有效推动健身、文化、建筑等相关要素的发展，让传统行业焕发出新活力、新动能。

总之，康养酒店将康养元素融入酒店的设计和服务中，为游客提供更加舒适、健康、愉悦的住宿体验。酒店内部可以设置各种康养设施，如健身房、瑜伽室、SPA 中心等，并提供专业的康养服务，如中医理疗、养生按摩等。同时，康养酒店可以推出各种健康主题的客房和餐饮服务，满足游客对健康的需求。康养酒店的建设不仅可以提高游客的满意度和忠诚度，还可以吸引更多的游客前来入住和体验。

三、康养产业要素与旅游产业要素有关"行"的融合

"行"要素的耦合强调深入挖掘旅行方式及工具的休闲康健功能，常见的景区绿道既可以作为康养旅游的观光通道，又可以作为游客康体休闲的载体，让旅游者在获得全身心沉浸式体验的同时，达到舒缓身心、修身养性的目的，从而使景区呈现出与传统旅游方式相区别的特色。因此，康养与旅游交通的融合可以通过以下六个方面来实现：一是交通设施。建设便捷、舒适、安全的交通设施，如高速公路、旅游专线、机场等，提高游客的出行效率和舒适度。同时，在交通设施中融入康养元素，如设置休息站、观景台等，为游客提供在旅途中放松身心、恢复精力的场所。二是交通服务。提供优质的交通服务，如出租车、旅游巴士、包车服务等，满足游客的不同出行需求。同时，可以推出康养主题的交通服务，如健康巴士、养生出租车等，为游客提供更加贴心的健康关怀。三是交通工具。在交通工具中引入科技应用，如智能交通系统、无人驾驶汽车等，提高交通的智能化水平和安全性，让乘坐的游客更舒适。四是产业链整合。与医疗、康复等相关产业进行合作，形成协同发展的格局。例如，在机场、火车站等交通枢纽附近建设医疗中心或康复中心，为游客提供便捷的医疗和康复服务。五是交通规划。在交通规划中充分考虑康养元素，合理布局交通设施和线路，提高旅游目的地的可达性和便捷性。六是智慧交通[2]。借助现代科技手段，建设智慧交通系统，实现交通信息的实时共享和智能化管理。智慧交通可以提高交通的效率和安全性，为游客提供更加便捷、智能的出行服务。同时，智慧交通还可以为政府和企业的决策提供支持，促进康养旅游产业的可持续发展。例如，可以建设康养旅游专

线。康养旅游专线是为满足游客对康养旅游的需求而建设的专用线路，它可以将游客直接送达康养旅游目的地，提高游客的出行效率。同时，康养旅游专线可以提供更加舒适、安全的乘车环境，为游客的出行提供保障。在专线车辆中可以设置各种康养设施，如座椅按摩、车载SPA等，提供更加贴心的健康关怀。此外，康养旅游专线还可以与当地的康养旅游资源进行整合，提供更加全面、丰富的康养旅游产品和服务。

四、康养产业要素与旅游产业要素有关"游"的融合

"游"要素侧重点是，让游客在观光游玩过程中，体验到康养旅游的独有魅力。康养与旅游的融合需要从主题设计、互动体验、文化融入、科技创新和定制化服务等方面入手，为游客提供更加丰富、生动、个性化的康养体验，具体包括：一是主题式游玩。以康养为主题，设计一系列与健康、养生、疗愈相关的游玩项目，让游客在游玩的过程中体验康养的理念和方式。例如，可以开发森林浴、温泉浴等项目，让游客在享受自然美景的同时，达到锻炼身体和内心的效果。二是互动式体验。在游玩过程中，增加互动环节，让游客参与其中，亲身体验康养的效果。例如，可以设计一些健康测试、身体锻炼等互动环节，让游客在参与中了解自己的身体状况，并学习到一些健康养生的方法。三是文化融入。将康养文化融入游玩项目中，让游客在游玩的过程中感受到康养的历史、传统和文化内涵。例如，可以开发中医药文化体验、传统养生功能体验等项目，让游客了解中医药和传统养生的知识，并亲身体验其魅力。四是科技创新。借助现代科技手段，创新游玩项目的设计和呈现方式。例如，可以运用虚拟现实技术、增强现实技术等，为游客提供更加丰富、生动的康养体验。五是定制化服务。根据游客的不同需求和身体状况，提供个性化的游玩方案和康养服务。例如，可以针对不同年龄、性别和健康状况的游客，制订不同的游玩路线和养生计划，让游客在游玩的过程中得到更好的照顾和关爱。

五、康养产业要素与旅游产业要素有关"购"的融合

"购"要素侧重点是，康养与旅游购物的融合需要结合当地资源和特色，开发具有康养功能的旅游商品，打造康养体验式购物中心，开展康养主题的购物活动，同时结合线上和线下渠道，为游客提供方便快捷的购物体验。康养与旅游购

物的融合，具体包括：一是开发康养主题的旅游商品。根据当地资源和特色，开发具有康养功能的旅游商品，如保健品、养生食品、健康器材等。这些商品可以满足游客的健康需求，同时也能促进当地的经济发展。二是打造康养体验式购物中心，在旅游景区或热门商圈，打造集购物、体验、休闲于一体的康养体验式购物中心。游客可以在这里体验各种康养商品和服务，同时也能享受购物的乐趣。三是开展康养主题的购物活动。在旅游过程中，组织各种康养主题的购物活动，如健康讲座、养生产品展销会、养生食材品尝等。这些活动可以让游客更深入地了解康养商品和服务，同时也能促进销售。四是结合线上和线下渠道。利用互联网和移动支付等新技术，将康养商品和服务销售拓展到线上渠道。游客可以在旅游过程中扫码购买，也可以在事后通过电商平台进行购买。这种方式可以方便游客购买，同时也能扩大销售范围。

六、康养产业要素与旅游产业要素有关"娱"的融合

"娱"要素侧重点是，结合当地资源和特色，通过打造健康主题乐园、组织养生主题晚会、提供健身运动体验以及举办康养主题演出等方式，为游客提供丰富多样的娱乐体验，同时宣传健康生活方式和康养理念，具体包括：一是健康主题乐园。创建一个以健康和娱乐为主题的乐园，提供各种康养活动和设施，如瑜伽、太极、温泉、SPA 等。游客可以在这里放松身心，享受康养服务，同时也能体验到不同的文化和风景。二是养生主题晚会。在旅游活动中，组织各种养生主题的晚会，如健康讲座、养生舞蹈、音乐会等。这些晚会可以提供丰富的娱乐内容，同时也能向游客宣传健康生活方式和康养理念。三是健身运动体验。结合当地资源和特色，组织各种健身运动体验活动，如徒步、骑行、攀岩、漂流等。游客可以在这里体验不同的运动项目，同时也能感受到自然的美妙和力量。四是康养主题演出。邀请专业团队或民间艺人进行康养主题的演出，如养生瑜伽表演、太极表演、中医按摩演示等。这些演出可以向游客展示康养文化的魅力，同时也能丰富旅游活动的内容。

第五节　现代康旅产业经济的热点

一、智慧康旅产业

智慧康旅产业是将现代科技、人工智能、云计算[12]、大数据等前沿技术与康养旅游相结合，提供个性化、集中化和创新化的健康养老和旅游体验服务的产业。其主要目标是帮助旅居老年人延缓衰老、提高生活质量和幸福感，并通过技术手段实现自我适应、个性化和定制化的养老服务。在 21 世纪的今天，康旅作为以养生和康复为中心的旅游产业，在全国各地、各个家庭中有着举足轻重的作用，许多家庭将旅行与度假的目的定位在健康与养生，宣传健康绿色的旅游资源禀赋，倡导阳光健康的生活方式，全国多个旅游度假胜地极力打造当地因地制宜、独具特色的健康生活与文化旅游传播品牌，塑造温暖、阳光、积极、亲和的康旅形象。康旅的发展与兴盛离不开互联网智慧化大数据的协作。

（一）美国太阳城

北美作为康养旅游支出金额最高的地区，比较著名的康养旅游项目是美国太阳城的智慧社区养老旅居。美国太阳城是世界上著名的专供退休老人居住和疗养的社区，是世界著名的 CCRC 模式[13]的典型代表。这里气候条件优越、阳光充足，建有专为老年人服务的综合性医院、专科医疗诊所、疗养院等智慧医疗体系，除此之外还配有高尔夫球场、游泳池、健身娱乐中心、俱乐部等各类智慧娱乐设施，服务人员多由老年志愿者担任，从而形成了一种不孤独、不依赖、不满足温饱型的生活状态，创造了一种老年人退休以后的新型智慧康旅生活方式。

（二）日本轻井泽

日本轻井泽作为一个智慧康旅目的地，结合了科技和康养旅游的理念，提供了一系列智能化的康养体验和服务。日本轻井泽是一个融合了自然美景、文化底蕴和高端旅游设施的综合性旅游度假区，该地区注重智能化管理和服务，采用了一系列现代化技术手段，如物联网、大数据、人工智能等，通过智能健康监测、智能康复设施、智慧互动体验、智慧餐饮体验、智能预订和导航等，来提高游客体验和景区管理效率。此外，该地区还注重环保和可持续发展，积极推广绿色旅游和低碳出行，推动景区与自然环境的和谐共生。在轻井泽，游客可以享受到高端酒店、别墅、高尔夫球场、滑雪场、温泉等多种旅游设施和服务，得到高品质、舒适、有文化内涵的旅游体验。

（三）法国依云镇

法国依云镇位于法国东南部，是一个以矿泉水而闻名的小镇。依云镇的矿泉水被誉为世界上最好的矿泉水之一，富含多种矿物质和微量元素，对身体健康有着极大的益处。同时，作为一个著名的疗养度假地，依云镇也以其丰富的温泉资源而闻名。游客可以在依云镇享受温泉浴场和水疗中心提供的放松和养生疗法，体验高尔夫球场、酒店、别墅、商业等各类智慧娱乐设施。依云镇拥有许多历史悠久的建筑和风景名胜，如依云古堡和圣母院等，可供游览和探索，拥有许多高级养老院和康复中心，提供专业智能的医疗护理和健康管理服务。法国依云镇是一个充满活力和创意的智慧旅游度假区，注重智能化、环保和文化的融合，是追求健康生活的理想目的地。

二、民俗康旅产业

民俗康旅产业是结合传统民俗文化和健康旅游的产业，主要通过挖掘和利用地方民俗文化资源，结合当地的自然景观、人文景观和特色美食等，为游客提供富有当地特色的健康旅游体验。民俗文化是民族文化中不可或缺的重要组成部分，它承载着地区和民族的传统。民俗文化具有内生性、传承性和社会性，对于乡村社会经济产业链的融入、民心的团结、村风民风的净化、乡村文明的催生以及传统民族文化的振兴都起着重要作用。民俗康旅产业旨在通过挖掘、保护和传承当地的民俗文化，将其融入康养旅游中，为游客提供独特的体验和亲近自然、感受传统文化的机会。民俗康旅产业的发展不仅促进了乡村旅游业的繁荣，还推动了传统民俗文化的保护与传承，促进了农村经济的发展和乡村振兴。

（一）西班牙集市旅游

西班牙集市旅游是一种结合民俗康旅产业的旅游形式，游客可以深入了解当地的文化和传统。在参观集市时，游客可以亲身体验当地的民俗风情、品尝美食、购买手工艺品，并与当地居民互动交流。集市上展示了当地传统艺术和手工艺品，如陶瓷、织物和木雕等，游客能欣赏到独特的工艺技巧和艺术风格。集市还举办传统节日和活动，如音乐演出、舞蹈表演和庆祝仪式，使游客亲身感受当地的庆祝氛围和文化传统。此外，集市旅游也为当地居民带来经济收益，推动了手工艺品和美食等产品的销售，创造商机和就业机会。同时，集市旅游还推动了其他相关产业的发展，如餐饮业、旅馆业和交通业，进一步促进了当地经济的繁荣。

（二）泰国素可泰旅游

素可泰位于曼谷以北440千米，不仅是泰国曾经的首都，还是文化根源的摇篮，有关泰国的文字、艺术、文化与法规，很多都是由素可泰时代开始创立的。素可泰是昔日傣族称强时期的首都，是泰国文明的精华区，由于当时流行信仰小乘佛教，所以迄今城内仍然保有许多古寺，此地区在1991年被联合国教科文组织列入世界遗产保护名录。近年来，当地政府拟出恢复素可泰旧观的计划，大力修缮所有的断壁倾墙，将境内的古迹寺庙修葺一新，重新建成国家历史文物保护区。素可泰以其传统的民俗文化和优美风景而闻名。当地居民通过开展民俗康旅产业，将自己的生活方式、艺术、手工艺品等展示给游客，游客可以参观当地的村庄，体验农耕活动、学习手工艺制作等，感受泰国传统文化的魅力。

（三）日本京都旅游

京都位于日本关西地区，是日本文化和大和之魂的真正所在。这座城市拥有众多幽静的古刹和神社，以及惊人的古建密度，使其成为世界上最具文化气息的城市之一。但京都也展现了现代都市的活力，街头上的书店、咖啡店、茶屋和特色小铺充满朝气。京都的民俗康旅产业将传统的京都民俗文化与现代旅游相结合，为游客提供独特的体验。游客可以参观古老的庙宇、庭院，体验茶道、和服等活动，感受京都独特的韵味。无论是在花见小路与艺伎擦肩而过，还是观赏歌舞伎表演，都能深刻体会京都的世俗风情。在节庆期间，游客可以加入街头庆祝的人群中，感受这座千年古都的脉搏。

三、节庆康旅产业

节庆康旅产业是指以节庆活动为载体，结合健康旅游和康体养生等元素，为游客提供丰富多彩的旅游体验和健康服务的产业。节庆康旅产业通过举办各种主题的节庆活动，如民俗节、文化节、音乐节、体育赛事等，吸引游客前来参与和体验，从而促进地方旅游和经济的发展。节庆活动是在不同国家、民族和区域长期生产、生活实践中产生的社会现象。它们是在特定时期举办的大型文化活动，具有鲜明的地方特色和群众基础。节庆活动是国家、民族或区域历史、经济和文化的综合体现，因此大多数节庆都拥有丰富的历史、经济和文化背景。举办各种庆典仪式、游园活动、文化展览等，可以为游客提供丰富多彩的节庆康旅体验。

（一）美国拉斯维加斯新年庆典

每年的新年庆典是拉斯维加斯最重要的节庆活动之一。庆典包括烟花表演、音乐演出和灯光秀等，吸引了数以百万计的游客前来观看。拥有"世界派对之都"称号的拉斯维加斯，跨年夜的庆祝氛围自然也是浓厚的。在 12 月 31 号这天，整条拉斯维加斯大道会变成一个规模巨大的街头派对，每一家酒店都会有演出和聚会。到了零点，随着"5、4、3、2、1"的倒数声，8 万多枚烟花在各个酒店的顶层齐齐绽放，整个烟花秀会持续 10 分钟，为游客们带来超凡的视觉享受。此外，拉斯维加斯还提供了丰富的康养旅游活动，如豪华酒店的水疗中心、高尔夫球场和赌场，为游客提供身心放松和娱乐的设施。

（二）法国巴黎巴士底日

巴士底日是法国最重要的节庆活动之一，是为了庆祝法国大革命的胜利。巴士底日是法国最隆重的民众节日。每年 7 月 14 日这天，全国放假一天。节日前夕，家家户户都挂起彩旗，所有建筑物和公共场所都饰以彩灯和花环，街头路口架起一座座饰有红、白、蓝一色布帷的露天舞台，管弦乐队在台上演奏着民间流行乐曲。13 日晚上和 14 日晚上，狂欢的人群纷纷涌向街头，脖子上围着红、白、蓝三色彩带，随着音乐跳起欢快的卡马尼奥舞及其他民间舞蹈。巴黎的庆典活动包括大型游行、音乐会、嘉年华和烟花表演等。此外，巴黎还有许多康养旅游活动供游客选择，如享受法式美食、参观博物馆和艺术展览、在塞纳河上游船等，为游客提供了丰富的文化和娱乐体验。

（三）日本京都樱花节

日本京都的樱花节是日本最受欢迎的节庆活动之一，吸引了来自世界各地的游客。日本的樱花节时间一般从樱花树的第一朵花束开放开始，一直持续到樱花的花瓣全部凋落。这段时间被称为"樱花季"，吸引了大量的游客和居民。人们经常会举办樱花观赏派对，在樱花树下野餐，品尝美食和饮品，与亲友们一同庆祝。人们穿着传统和时尚的服装，欣赏樱花花海的壮丽景色，同时享受友谊和家庭团聚的时刻。京都的庆典活动包括赏樱花、传统舞蹈表演、茶道体验和庙宇参拜等。此外，京都还提供了丰富的康养旅游活动，如温泉浴场、传统日式保健按摩和禅修体验等，为游客提供了身心放松和文化体验。

复习思考

1. 中国的健康、养老、旅游三个方面的市场需求有哪些特点？
2. 现代康旅产业的市场需求有哪几个方面？
3. 各举一个国内外中医药疗愈类康旅典型案例的主要做法。
4. 各举一个国内外生态养生类康旅典型案例的主要做法。
5. 各举一个国内外文化休闲类康旅典型案例的主要做法。
6. 各举一个国内外休闲体育类康旅典型案例的主要做法。
7. 各举一个国内外乡村田园类康旅典型案例的主要做法。
8. 康养要素如何与旅游"六要素"深度融合？
9. 除了本章讲述的内容，思考现代康旅产业经济的热点还有哪些？

第四章 基本知识点

扫码查看

第四章 现代康旅产业的供给与需求

扫码查看知识卡片

第五章 现代康旅产业发展的路径

章前引言

　　厘清现代康旅产业发展的路径是推进现代康旅产业建设的必然要求。本章阐释了现代康旅产业的发展目标与基本原则，并从政策引领与体制创新、产业交叉与业态复合、主体培育与价值提升、特色优势与智慧赋能四个方面进行了具体阐述。据此，本章系统构建了现代康旅产业发展的路径，以期在满足民众日益增长的健康需求与精神需求的同时，促进旅游目的地康养产业与旅游产业的深度融合发展。

内容结构

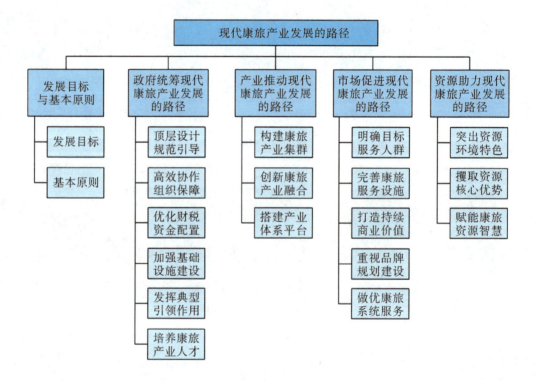

第一节　发展目标与基本原则

一、发展目标

康旅产业立足现有发展基础，打造绿色化、生态化、可持续化的康养基地，促进康养旅游上下游产业布局优化，推动林业、农业、中医药等健康服务要素与旅游发展要素的整合，力求形成集旅游、养生、保健、康复、教育、文化等要素于一体的康养旅游产业，在满足民众日益增长的健康需求与精神需求的同时，带动旅游目的地康养产业与旅游产业深度融合发展。因此，康养旅游的发展旨在实现满足市场需求、提升产业品质、促进地方经济发展、提升社会福祉[1]、推动绿色发展[2]等多方面的综合目标。实现以上目标有助于推动康养旅游产业的健康发展与可持续发展，为人们提供更好的健康和旅游服务，具体包括以下五个方面：

一是满足市场需求。康养旅游发展应以满足市场需求为导向，提供多样化、高品质的康养旅游产品与服务，以满足不同人群的健康和旅游需求。

二是提升产业品质。康旅产业通过技术创新、模式创新、品牌创新等方式，提升康养旅游产业的品质和竞争力，推动产业的可持续发展。

三是促进地方经济发展。康养旅游发展应与地方经济发展相结合，推动地方经济的转型升级和高质量发展，通过发展康养旅游，可以带动医疗、体育、农业等相关产业的发展，增加就业机会和地方财政收入。

四是提升社会福祉。康养旅游发展应以提升社会福祉为目标，关注人们的身心健康和幸福感，通过提供全方位的养生服务和健康管理，可以帮助人们提高生活质量和身心健康水平。

五是推动绿色发展。康养旅游发展应与绿色发展理念相结合，注重生态环境的保护和可持续发展，在开发康养旅游资源的过程中，应合理利用资源、保护生态环境，实现经济、社会和环境的协调发展。

二、基本原则

（一）坚持以人为本

坚持以人为本的原则是康养旅游发展的基础和核心，只有真正做到以游客为中心，才能实现可持续发展目标。

一是满足游客需求。康养旅游的核心目的是提高游客的健康水平和生命质量，因此需要充分了解游客的需求和偏好，为游客提供个性化的服务和体验，让游客在旅游过程中得到充分的放松与享受。

二是保障游客安全。康养旅游需要特别关注游客的旅行安全和生命健康，因此要建立完善的安全保障体系和服务体系，确保游客在旅游过程中得到及时有效的医疗救治和生活保障。

三是提升服务质量。康养旅游需要提供高品质的服务，包括优质的住宿、餐饮、休闲、娱乐等服务，以及专业的医疗、康复、保健等服务，从而提高游客的满意度和忠诚度。

（二）坚持创新驱动

坚持创新驱动是康养旅游发展的关键，只有不断创新和完善，才能满足游客不断变化的需求，提升康养旅游的市场竞争力。

一是技术创新。利用大数据、人工智能等现代科技手段，提升康养旅游的服务水平和效率。例如，通过智能化的健康监测设备，为游客提供个性化的健康管理服务；通过智能化的旅游服务系统，提高游客的旅游体验和满意度。

二是模式创新。探索"旅游+健康""旅游+医疗"等康养旅游新模式，将康养与旅游深度融合，提供独具特色的旅游产品与服务。例如，通过开设健康讲座、提供营养膳食、推出康复疗养服务等方式，满足游客多方面的健康需求。

三是品牌创新。打造具有特色的康养旅游品牌，提升品牌知名度和美誉度。例如，推出具有地方特色的康养旅游项目，打造具有国际影响力的康养旅游目的地。

四是合作创新。加强与医疗、体育、农业等产业的合作，实现资源共享和优势互补。例如，与医疗机构合作，共同推出康复疗养服务；与体育产业合作，共同打造健康旅游项目。

五是营销创新。采用线上营销、社交媒体营销等多元化营销手段，提高康养旅游的知名度和影响力。例如，利用社交媒体平台推广康养旅游产品和服务；通过线上营销活动吸引更多游客参与康养旅游活动。

（三）坚持面向市场

坚持面向市场是康养旅游发展的关键，只有紧密关注市场需求和竞争态势，制定有效的营销策略和产品策略，才能实现可持续发展。

一是面向消费群体。针对不同消费群体的需求和特点，提供个性化的康养旅游产品和服务。例如，针对老年人的养老需求，提供养老公寓、康复疗养等服务；针对年轻人的健康需求，提供健身、瑜伽、户外探险等服务。

二是面向市场需求。深入研究市场需求，了解游客的康养旅游偏好和趋势。例如，当前大健康产业投资五大方向：一是人口老龄化带来的巨大细分市场；二是医疗服务的垂直化、专业化；三是技术升级推动产业升级；四是将健康和景区结合到一起打造健康文化 IP^①；五是产业融合带来的投资机会。

三是面向市场竞争。关注同行业的市场竞争态势，了解竞争对手的产品和服务特点，不断提升自身的竞争力和创新能力。

四是面向市场定位。明确康养旅游的市场定位，找准目标市场和发展方向。例如，针对高端市场提供高品质的康养旅游服务；针对大众市场推出性价比高的康养旅游产品。

第二节　政府统筹现代康旅产业发展的路径

一、顶层设计与规范引导

（一）顶层设计

政府顶层设计在康养旅游产业发展中具有重要作用，需要从政策法规、基础设施、产业协同^②、人才培养、品牌推广、安全管理等方面入手，为康养旅游产业的发展提供全方位的支持和保障，具体包括以下六个方面：

一是政策法规。政府需要制定康养旅游相关政策法规，包括康养旅游发展规划、产业政策、税收政策等，为康养旅游产业的发展提供政策支持和保障。

二是基础设施。政府需要加大对康养旅游基础设施建设的投入，提高康养旅游服务水平和品质。

三是产业协同。政府需要推动康养旅游与相关产业的协同发展，包括医疗、体育、农业等，形成多产业融合[☞]发展的新局面。

四是人才培养。政府需要加强对康养旅游专业人才的培养，提高从业人员的专业素质和服务水平，为康养旅游产业的发展提供人才支持。

五是品牌推广。政府需要加强对康养旅游品牌的推广和宣传，提高康养旅游的知名度和美誉度，吸引更多游客前来体验和消费。

六是安全管理。政府需要加强对康养旅游的安全管理，制定相关安全标准和规范，保障游客的人身安全和财产安全。

（二）规范引导

政府在康养旅游产业发展中应该从制定规范和标准、优化政策环境、推动产业融合发展、强化安全管理、推动创新创业、建立合作机制等方面入手，为康养旅游产业发展提供全方位的支持和引导。同时，政府还应该加强对康养旅游市场的监管，保障市场的公平竞争与健康发展。

一是制定规范标准。政府应该制定康养旅游相关规范和标准，包括康养旅游服务质量标准、安全标准等，为康养旅游发展提供指导和规范。

二是优化政策环境。政府应该加大对康养旅游产业的政策支持力度，优化政策环境，包括制定税收优惠政策、提供财政支持等，吸引更多的社会资本进入康养旅游领域。

三是推动产业融合发展。政府应该推动康养旅游与相关产业的融合发展，包括医疗、体育、农业等，形成多产业协同发展的新局面。

四是强化安全管理。政府应该加强对康养旅游的安全管理，制定相关安全标准和规范，保障游客的人身安全和财产安全。

五是推动创新创业。政府应该鼓励和支持康养旅游领域的创新创业，鼓励企业研发新型产品与服务，提高企业自主创新能力，提升康养旅游产业竞争力。

六是建立合作机制。政府应该与相关部门和企业建立合作机制，共同推进康养旅游的发展，形成良好的合作关系，建立利益共享合作机制。

二、高效协作与组织保障

(一) 高效协作

政府在康养旅游产业建设高效协作中应该从建立协作机制、资源整合、信息共享、协调解决问题、创新合作模式、监测评估等方面入手，加强与相关部门和企业的合作，共同推进康养旅游的发展。

一是建立协作机制。政府应该与相关部门和企业建立协作机制，明确各自的责任和义务，共同推进康养旅游的发展。

二是资源整合。政府应该整合各方资源，包括政策、资金、人才等，形成资源共享和优势互补的局面，提高协作效率。

三是信息共享。政府应该建立信息共享平台，促进各部门和企业之间的信息交流和共享，提高信息利用效率。

四是协调解决问题。政府应该及时协调解决康养旅游发展中遇到的问题和困难，包括政策瓶颈、基础设施建设等，为康养旅游产业的发展提供保障。

五是创新合作模式。政府应该鼓励和支持企业、社会组织等各方参与康养旅游建设，探索新的合作模式与机制，形成多元化投入和共同发展的局面。

六是监测评估。政府应该对康养旅游产业发展进行监测评估，及时发现问题并采取改进措施。

(二) 组织保障

为了促进高效协作，组织保障工作必不可少。政府在康养旅游的组织保障中应该从建立领导机构、加强协作、强化执行力度、完善监管体系、加强培训等方面入手，加大对康养旅游产业的组织保障力度，为康养旅游的快速发展提供有力支持。同时，政府还应该注重发挥社会力量的作用，鼓励和支持社会组织、企业和个人积极参与康养旅游建设，形成全社会共同参与的良好局面。

一是建立组织领导机构。政府应该建立康养旅游的组织领导机构，负责制定康养旅游的发展战略、规划和政策，统筹协调各部门和企业的资源，推动康养旅游产业的快速发展。

二是加强组织协作。政府应该加强与相关部门和企业的组织协作，建立有效的沟通机制和合作平台，形成工作合力，共同推进康养旅游的发展。

第五章　现代康旅产业发展的路径

三是加大组织执行力度。政府应该加大对康养旅游发展的组织执行力度，落实各项政策措施和工作计划，确保康养旅游产业的顺利推进。

四是完善组织监管体系。政府应该建立完善的组织监管体系，加大对康养旅游市场的监管力度，保障市场的公平竞争和游客的合法权益。

五是加强组织培训。政府应该加强对康养旅游从业人员的组织培训，提高从业人员的专业素质和服务水平，提升康养旅游的服务质量。

三、优化财税资金配置

政府在优化财税资金配置时，需要从预算方案、税收征管、支出结构、绩效管理[四]、吸引社会资本、国际合作等方面入手，提升财政管理的科学性和规范性，提高财政资金的使用效益。同时，政府还应该注重发挥市场机制的作用，鼓励康养旅游企业自主创新和发展，提高经济的竞争力和可持续发展能力。

一是制订科学的预算方案。政府应该根据国家发展规划和财政收入情况，科学制订康养旅游建设有关的预算方案，合理安排财政支出，确保资金的有效利用。

二是加强税收征管。政府应该加强税收征管工作，确保税收及时足额入库，防止税收流失。同时，政府还应该优化税收结构，完善税收政策，提高税收的公平性。

三是优化财政支出结构。政府应该根据国家发展需要和民生需求，优化财政支出结构，加大对康养旅游建设重点领域和薄弱环节的资金支持力度，提高财政资金的使用效益。

四是推进绩效管理。政府应该建立绩效管理制度，对康养旅游建设投入的财政资金使用情况进行全程监管和评估，确保资金的有效利用。同时，政府还应该建立奖惩机制，对资金使用效益高的部门和项目给予奖励，对资金使用效益低的部门和项目进行问责和整改。

五是吸引社会资本。政府应该采取积极措施吸引社会资本参与康养旅游建设和发展，通过 PPP 模式[四]实现政府与社会资本的共赢。

六是加强国际合作。政府应该加强与其他国家的合作，共同推进全球经济治理和财税改革，扩大我国在国际经济舞台上的影响力，争取为康养旅游相关建设吸纳更多国际资金。

四、加强基础设施建设

政府加强康养旅游基础设施建设需要从基地和园区建设、配套设施建设、智慧旅游建设等方面入手，全面提升康养旅游的硬件和软件水平，为游客提供更好的服务和体验，具体包括以下三个方面：

一是建设康养旅游基地和园区。政府可以选取一些生态环境优美、气候宜人的地区，建设康养旅游基地和园区，提供多样化的康养旅游产品和服务，满足不同游客的需求。

二是加强康养旅游配套设施建设。政府可以加强康养旅游的配套设施建设，如住宿、餐饮、交通、医疗、安全等方面的设施，提高游客的满意度。

三是推进智慧康养旅游建设。政府可以依托现代信息技术，推进智慧康养旅游建设，如建设智慧景区、智慧酒店、智慧医疗等，提高康养旅游的智能化和便捷化水平。

另外，完善的城市管网、商业设施、医疗卫生设施、文化娱乐设施、公共停车场、城镇道路等交通基础设施，可以更有力地促进康养旅游产业与地方交通、教育、医疗等方面的衔接，促进康旅产业韧性[15]的提升。

五、发挥典型引领作用

政府发挥康养旅游产业建设领域的典型引领作用需要从树立典型、宣传典型、学习典型、推广典型、保护典型等方面入手。建立健全的典型培育、宣传和激励机制，能够激发人们的积极性和创造力，推动社会的进步和发展。

一是树立典型。政府可以通过评选、表彰等方式，在康养旅游领域树立一批具有代表性的先进个人或集体，作为其他个人或集体学习的榜样。这些典型应具有鲜明的时代特征和广泛的代表性，能够激发人们的积极性和创造力。

二是宣传典型。政府可以通过各种渠道，如媒体、宣传册、展览等方式，宣传康养旅游建设具有代表性单位或个人的先进事迹和经验，提高人们对典型的认知度和认同感。同时，政府还可以组织典型代表举办巡回演讲、交流等活动，让更多的人了解典型的先进事迹和经验。

三是学习典型。政府可以组织各种形式的培训、研讨等活动，引导人们学习典型的先进理念和方法，提高自身的素质和能力。同时，政府还可以建立经验交流平台，让人们分享典型的经验和做法，促进相互学习和共同进步。

四是推广典型。政府可以将典型的经验和做法进行总结提炼，形成具有指导性和操作性的政策文件或规范标准，推广到更广泛的领域和地区。同时，政府还可以通过财政支持、政策扶持等方式，鼓励其他个人或集体学习借鉴典型的经验和做法，促进典型引领作用的发挥。

五是保护典型。政府应该加强对康养旅游领域建设典型案例的保护，确保典型的权益不受侵害。同时，政府还应该建立健全的激励机制，对在学习借鉴典型经验、做法中取得突出成绩的个人或集体进行表彰和奖励，激发人们的积极性和创造力。通过典型示范引领，政府可以总结一套具有普遍推广意义的可复制、可推广的发展模式，着力推动建设一批产业方向聚集、功能特色鲜明、体制机制创新、具有典型示范意义的政策管理引领型康养旅游综合体。

六、培养康旅产业人才

鉴于康旅产业的特殊性，健康服务人员素质是影响健康产业发展的重要因素。发展康旅经济，迫切需要解决的是谁来提供康养旅游服务、如何提升服务水平的问题，需要各类康养服务人才队伍支撑。在培养康养旅游人才时，需要注重对其专业知识、综合素质、实践经验等多个方面的培养，建立完善的人才培养和管理体系，加强与业界的合作交流。为康养旅游产业的可持续发展提供有力的人才保障，可以从以下五个方面入手：

一是培养专业知识和技能。康养旅游人才需要具备丰富的专业知识和技能，包括健康管理、康复治疗、旅游服务等。专业培训、学术交流、实践操作等方式可以提高人才的专业素质。

二是提升综合素质。除专业知识和技能外，康养旅游人才还需要具备较高的综合素质，包括沟通能力、团队协作能力、创新能力、解决问题能力等。组织培训、团队建设、个人发展计划等方式可以提升人才的综合素质。

三是培养实践经验。康养旅游人才需要具备一定的实践经验，了解康养旅游产业的实际操作流程和客户需求。安排实习、实践项目等方式，可以让人才在实际工作中积累经验，提高实践操作能力。

四是加强与业界的合作，实现产教融合^①。康养旅游人才的培养需要与业界密切合作，了解市场需求和趋势，掌握最新的技术和知识。与相关企业、机构合作，共同开展培训和研究，可以提高人才的实用性和适应性。

五是重视专业性技能培训。针对一些社会从业人员，要加强康旅产业所需的专业技能培训。例如：健康管理技能，包括健康评估、健康指导、康复治疗等，以及针对老年人、儿童、孕妇等不同人群的特殊健康管理技能；旅游服务技能，包括旅游接待、导游讲解、客户服务等，以及针对不同旅游目的地的特色服务技能；市场营销技能，包括市场调研、营销策略、销售技巧等，以及针对康旅产业的数字化营销技能；运营管理技能，包括项目管理、财务管理、人力资源管理等，以及针对康旅产业的资源整合和风险管理技能；科技创新技能，包括智能旅游、大数据分析、人工智能等，以及针对康旅产业的科技创新和数字化转型的技能，等等。

第三节　产业推动现代康旅产业发展的路径

一、构建康旅产业集群

康旅产业集群[①]是指以健康和旅游产业为核心，将相关的产业、企业、资源等聚集在一定的地理区域内，形成一个相互关联、相互协作、相互竞争的产业生态系统。这个生态系统包括健康管理、旅游服务、体育健身、文化娱乐等相关产业，旨在提供全方位的健康和旅游服务，满足人们对健康和旅游的需求。

康旅产业集群的特点包括产业关联度高、地域集聚性强、资源整合度高、品牌效应明显等。它可以将不同的产业、企业、资源等聚集在一起，形成一个具有共同目标和利益的产业生态系统，通过协同创新、资源共享、互利共赢等方式，推动产业的快速发展和转型升级。构建康旅产业集群需要从多个方面入手，具体包括以下六个方面：

一是区域特色和资源优势分析。需要对区域内的特色和资源优势进行分析，了解当地与康旅相关的自然资源、文化资源、产业基础等方面的优势，为康旅产业集群的定位和发展提供依据。

二是发展战略制定。根据区域特色和资源优势，制定康旅产业集群的发展战略，明确发展目标、重点领域、关键环节和实施路径，形成竞争力强的产业体系。

三是基础设施建设。加强基础设施建设，包括交通、通信、供水、供电、供气等方面的基础设施，提高产业区的承载能力和服务水平，为产业发展提供保障。

四是招商引资和项目引进。通过招商引资和项目引进，吸引更多与康旅相关的优质企业和资源进入产业集群，促进产业快速发展。同时，需要注重引进项目的质量和技术含量，推动产业向高端化、智能化方向发展。

五是科技创新和研发。加强康旅领域的科技创新和研发，推动产业技术的创新和升级，提高产业的科技含量和竞争力，可以通过建立研发机构、引进先进技术、加强产学研合作等方式来实现。

六是产业协作和服务支持。加强康旅相关产业协作和服务支持，建立完善的产业协作机制和服务体系，为产业集群内的企业提供全方位的服务支持，促进企业之间的合作和共赢。康旅产业集群的形成和发展需要政府、企业、社会各方共同努力，加大政策引导、产业规划、基础设施建设等方面的支持力度，同时需要加强企业之间的合作和共赢，形成良好的产业发展环境和生态系统，推动康旅产业快速发展。

二、加快康旅产业融合

康旅产业融合是康旅产业发展的新趋势。将健康产业和旅游产业相融合，聚焦于产品和服务形式的创新，是康旅产业实现高质量发展的重要条件。加快康旅产业融合，可以从以下四个旅游发展领域来思考：

一是温泉旅游领域。温泉旅游是一种以温泉资源为依托的旅游形式，游客可以在享受温泉的同时，体验周边的自然景观和人文环境。温泉旅游可以提供泡澡、按摩、美容、健身等服务，对身心健康有很大的益处。

二是乡村旅游领域。乡村旅游是一种以乡村资源为依托的旅游形式，游客可以在乡村中体验田园风光、传统手工艺等。乡村旅游可以通过与健康产业融合，提供健康饮食、农耕体验、自然养生等服务，以满足游客对于健康生活的需求。

三是医疗旅游领域。医疗旅游是一种以医疗服务为依托的旅游形式，游客可以在旅游的同时，接受各种医疗检查、手术治疗、康复保健等服务。医疗旅游可以通过与健康产业融合，提供高端医疗服务、国际医疗交流、健康管理等服务，以满足游客对于高质量医疗服务的需求。

四是运动旅游领域。运动旅游是一种以体育健身为依托的旅游形式，游客可以在旅游的同时，参加体育赛事、健身活动等各种户外运动。运动旅游可以与健康产业融合，提供专业运动指导、健身器材租赁、运动康复等服务，以满足游客对于健康运动的需求。除上述领域外，森林旅游、生态旅游、智慧旅游、休闲旅游等都可以实现康旅产业的创新融合。

具体而言，康旅产业的产品和服务的创新方式，可以包括以下七个方面：

一是个性服务定制。康养旅游产品可以根据游客的个性化需求进行定制，例如提供定制的健身计划、饮食搭配、康复治疗等服务，让游客在旅游的同时，得到更加全面的健康管理和服务。

二是技术应用创新。将最新的技术应用到康养旅游服务中，例如智能健康监测设备、虚拟现实技术、无人机救援等，提供更加智能化、高效化的服务。

三是生态发展结合。将康养旅游与生态保护相结合，例如在自然保护区或风景名胜区内开展康养旅游活动，同时注重环境的保护和可持续发展。

四是产业跨界融合。将康养旅游与其他产业进行跨界融合，例如与文化、体育、艺术等产业进行合作，提供更加多元化、有深度的产品和服务。

五是社区居民参与。鼓励当地社区参与到康养旅游的发展中来，例如让当地居民参与到旅游服务中，或者开展有特色的健康养生活动，提高当地居民的生活质量和经济收入。

六是特色主题设计。针对不同的健康需求和兴趣爱好，设计不同特色的康养旅游主题，例如美容养颜、减肥塑身、中医养生、户外探险®等，以满足不同游客的需求。

七是服务质量提升。注重服务质量的提升，通过培训和规范服务流程，提高服务人员的专业素质和服务水平，提供更加专业、贴心的服务。

三、搭建产业体系平台

搭建康养旅游产业体系平台需要多方面的努力和投入，需要政府、企业和社会各界的共同参与和合作，才能实现康养旅游产业的健康、快速发展，具体包括以下五个方面：

一是资源整合平台。康养旅游产业涉及医疗、健康、旅游等多个领域，需要将这些领域的资源进行有效整合和利用，形成完整的产业体系。

二是技术支持平台。搭建康养旅游产业体系平台需要技术支持，包括云计算、大数据、人工智能等技术，通过这些技术可以实现资源的共享、数据的分析、服务的智能化等，从而提高平台的运行效率和用户体验。

三是产品设计平台。康养旅游产品需要根据市场需求和游客需求进行设计，包括康养旅游线路、健康管理服务、医疗咨询服务等，要注重产品的差异化和个性化，以满足不同游客的需求。

四是营销推广平台。搭建康养旅游产业体系平台需要进行营销推广，通过各种渠道宣传推广康养旅游产品和服务，提高平台的知名度和影响力，吸引更多的游客和合作伙伴。

五是合作共赢平台。康养旅游产业需要多方合作，包括政府、企业、社会组织等，通过合作实现资源共享、优势互补，共同推动康养旅游产业的发展。

第四节　市场促进现代康旅产业发展的路径

一、明确目标服务人群

从康养需求和旅游条件的角度来讲，康养旅游的目标服务人群主要是有一定经济实力和闲暇时间的老年群体、亚健康群体和病患群体。这类目标群体以老年群体为主，中年群体为辅，年龄在50~70岁的中老年旅游者被认为是市场主体，50~60岁的群体则被定义为市场上最活跃的群体之一。但是，从大健康和大旅游的角度来讲，凡是在旅游过程中能够促进身心健康的游客群体，都是康养旅游服务的目标人群。康养服务目标人群的分类方式多种多样，可以根据不同的标准进行分类。针对不同的人群特点，康旅企业可以提供更加精准和个性化的康养服务。

一是以年龄层次为依据。根据年龄将人群分为婴儿、幼儿、青少年、中年和老年人等不同群体。不同年龄段的人有不同的康养需求和特点。

二是以健康状况为依据。根据健康状况将人群分为健康人群、亚健康人群、疾病患者等不同群体。不同健康状况的人对康养服务的需求和选择不同。

三是以收入水平为依据。根据收入水平将人群分为高收入群体、中收入群体和低收入群体。不同收入水平的人对康养服务的需求和消费能力不同。

四是以职业特征为依据。根据职业特征将人群分为脑力劳动者、体力劳动者、服务行业人员等不同群体。不同职业特征的人对康养服务的需求和选择有所不同。

五是以地域分布为依据。根据地域分布将人群分为城市居民、乡村居民、山区居民、海滨居民等不同群体。不同地域的居民对康养服务的需求和选择有所不同。

二、完善康旅服务设施

想要开发旅游市场，相关服务设施必不可少。康养旅游市场对服务设施的条件要求相对会更高一些。完善康旅服务设施需要从多个方面入手，包括基础设施建设、康养设施建设、医疗服务建设、文化设施建设、环保设施建设、安全设施建设、智慧旅游建设等。只有提供全方位的服务和保障，才能满足不同游客的需求，提升游客的满意度和忠诚度，具体包括以下七个方面：

一是基础设施。其包括交通、通信、供电、供水、排污等基础设施，以及住宿、餐饮、购物、娱乐等配套设施，以满足游客的基本需求。

二是康养设施。根据当地资源和环境条件，建设适合不同需求的康养设施，如温泉、SPA、健身房、康复中心等，提供全方位的康养服务。

三是医疗设施。建立完善的医疗服务体系，包括医疗中心、药店、急救中心等服务设施，提供全方位的医疗保健服务。

四是文化设施。建设与康养文化相关的博物馆、图书馆、养生中心等文化设施，展示当地的康养历史、文化和特色，丰富游客的文化体验。

五是环保设施。建立垃圾处理、污水处理等环保设施，保护当地环境，确保康养旅游实现可持续发展。

六是安全设施。建立康养旅游体验的安全监控系统、消防设施、应急救援队伍等安全设施，确保游客的人身和财产安全。

七是智慧设施。运用信息技术手段，建立智慧旅游系统，提供智能化、便捷化的旅游服务，以便更高效地满足康旅市场需求。

三、实现持续商业价值

持续性的商业价值是指企业在长期的经营活动中，通过不断创新和改进，获得持久的竞争优势和盈利能力。这种价值不仅是短期的收益，而且是企业在长期发展中不断积累和形成的价值，具有持续增长和长期收益的特点。要实现康旅相关企业的持续性的商业价值，企业需要在长期经营中注重核心竞争力、创新和改进、品牌形象、合作关系、社会责任[19]等方面的发展和积累。只有通过持续的努力和创新，企业才能实现长期的发展和盈利，具体包括以下六个方面：

一是建立核心竞争力。康旅企业需要有自己的独特能力和优势，才能在市场竞争中立于不败之地。这种能力可以是技术、品牌、渠道、管理等方面的优势，只要能够满足客户的需求并领先竞争对手即可。

二是不断创新和改进。康旅企业需要不断创新和改进自己的产品、服务、技术和经营模式，以保持领先地位和满足客户需求。这种创新和改进需要持续投入并不断调整和优化。

三是维护品牌形象。品牌形象是企业长期发展的关键。康旅企业需要注重品牌形象的塑造和维护，提高品牌知名度和美誉度，从而赢得更多客户的信任和支持。

四是建立长期合作关系。康旅企业需要与供应商、客户、合作伙伴等建立长期合作关系，共同发展壮大。这种合作关系可以帮助企业稳定经营和提高竞争力。

五是关注社会责任。康旅企业需要关注社会责任，积极参与公益事业和社会活动，为社会做出贡献，提高企业形象和声誉的同时也有助于企业的长期发展。

六是优化商业模式[10]。康旅企业相关商业模式需要不断优化和创新，以提高商业价值。康旅企业可以通过精细化管理、成本控制、营销策略等手段，提高经营效率和市场竞争力。

四、重视品牌规划建设

很多地区盲目跟风、相互模仿，缺乏对特色资源、康养产品的深度挖掘，陷入了"千城一面"的被动困局。同时，这种开发方式也破坏了当地的历史风貌，是一种急功近利的短视行为。因此，打造康养旅游目的地，首先需要有好的品牌形象做支撑，要将有康养旅游特色的品牌形象传播出去，一个朗朗上口、让人印象深刻的项目品牌故事往往更容易被人记住并广泛传播，它能赋予品牌更多的乡土风情和人文气息，进而获得游客对康养旅游品牌认同感[11]和品牌忠诚度[12]。因此，康旅相关企业应重视品牌规划建设，可以通过以下路径来实现自身竞争力的提高：

一是明确品牌定位。首先需要明确康旅企业的品牌定位，包括目标客户、产品特点、市场定位等，这有助于企业确定品牌传播的核心信息，制定相应的精准营销[3]策略。

二是确定品牌愿景和价值观。品牌愿景是品牌的长期目标和理想，而价值观则是品牌的核心信念和行为准则。康旅企业需要确定清晰的品牌愿景和价值观，以指导企业的战略规划和日常运营。

三是设计品牌视觉识别系统[4]。品牌视觉识别系统包括商标、色彩、字体等元素。康旅企业需要设计具有辨识度和记忆度的视觉识别系统，以提升品牌的认知度和美誉度。

四是制定传播策略。康旅企业需要制定有效的品牌传播策略，包括广告、公关、内容营销、社交媒体等多种策略。企业需要根据目标客户的特点选择合适的传播渠道，并制订相应的传播计划。

五是提供优质的服务和产品。康旅企业的品牌规划建设需要以优质的服务和产品为基础，需要关注客户的需求和反馈，不断优化服务和产品，提高客户满意度和忠诚度。

六是加强内部管理。康旅企业需要加强内部管理，建立完善的质量管理体系、客户服务体系和员工培训体系，这有助于提高企业的运营效率和员工素质，为品牌的规划建设提供有力支持。

七是合作与联盟。康旅企业可以与相关的企业、机构和社区建立合作关系，共同推广品牌。例如，康旅企业可以与旅行社、酒店、景区等合作，共同提供产品和服务，提高品牌的知名度和竞争力。

八是持续创新与改进。市场和消费者需求不断变化，康旅企业需要持续创新和改进产品、服务和营销策略。同时，康旅企业需要关注人工智能、大数据等新兴技术和发展趋势，保持品牌的竞争优势。

五、做优康旅系统服务

康旅产业涉及面广，产业链相关企业较多，做优康旅系统服务需要注重客户需求、服务质量、创新与差异化、信息化与智能化、合作与联盟、品牌建设、社会责任、持续改进与优化等方面的工作，来不断提高服务水平，赢得客户的信任和忠诚度，实现康旅企业的可持续发展，具体包括以下措施：

一是以客户需求为导向。康旅企业应始终以客户需求为导向，深入了解客户的需求和期望，提供个性化的服务和解决方案。同时，康旅企业需要关注客户的反馈和意见，及时改进服务质量和流程。

二是以服务质量为保障。康旅企业应关注服务质量，建立完善的质量管理体系，确保服务流程的顺畅和服务质量的稳定。同时，康旅企业需要关注员工的服务意识和技能培训，提高员工的服务水平和工作效率。

三是重视创新与差异化。康旅企业应注重创新和差异化，不断推出新的产品和服务，以满足客户的不同需求。同时，康旅企业需要在服务中注入文化、情感等要素，为游客提供与众不同的体验和记忆。

四是加强信息化与智能化设施建设。康旅企业应关注信息化和智能化的发展趋势，运用先进的技术手段提升服务水平。例如，利用大数据分析客户行为和喜好，提供更加精准的服务；利用人工智能和机器人技术提供智能化的服务体验。

五是建立合作与联盟。康旅企业可以与旅行社、酒店、景区等相关企业建立合作关系，共同推广产品和服务，提高市场竞争力。同时，康旅企业可以通过与其他企业的合作，实现资源共享和优势互补。

六是持续改进与优化。康旅企业需要持续改进和优化服务流程和服务项目，提高服务质量和客户满意度。同时，康旅企业需要关注市场变化和消费者需求的变化，及时调整服务策略和产品方向。

第五节　资源助力现代康旅产业发展的路径

一、突出资源环境特色

康旅产业的发展基础是具有康养和旅游双重属性的资源特色。优质康旅资源需要通过市场的手段来进行合理开发，确定发展类型，分类施策，精准发力。

各地区根据康养旅游资源基础差异，发展了不同模式的康养旅游：温泉、森林、海洋、湖泊等核心康养资源，适合打造生态养生型康养旅游发展模式；"医、药、养、疗"等产业发展基础，适合打造医养结合型康养旅游发展模式；长寿文化、宗教文化、康养文化基础，适合打造文化型康养旅游发展模式；能吸引区域内高质量的老年群体前来康养旅游的良好自然环境资源，适合打造养老型康养旅游发展模式。因此，可以通过以下手段来突出康旅资源环境特色：

一是突出自然景观资源。康养旅游资源可以依托独特的自然景观，如山水、森林、湖泊等，开展生态旅游、徒步旅行、露营等活动，让游客亲近自然、放松身心。

二是突出文化底蕴资源。康养旅游资源可以融入当地的文化底蕴，如民俗、传统手工艺、美食等，让游客在体验自然景观的同时，深入了解当地的文化和历史。

三是突出健康养生资源。康养旅游的核心是健康养生，可以提供各种健康养生服务，如温泉疗养、中医理疗、营养膳食等，以满足游客对健康养生的需求。

四是突出休闲娱乐资源。康养旅游资源可以提供丰富的休闲娱乐活动，如瑜伽、太极、音乐等，让游客在放松身心的同时，享受休闲娱乐带来的愉悦和满足。

五是突出专业服务资源。康养旅游资源可以提供专业的服务，如医疗咨询、健康管理、康复服务等，以满足游客对健康和养生的专业需求。

六是突出社区参与资源。康养旅游资源可以鼓励社区参与，让当地居民参与到康养旅游的开发和经营中来，这样既可以增加当地居民的收入，也可以让游客更好地了解当地的文化和生活。

七是突出主题活动资源。康旅企业可以举办各种主题活动，如健康论坛、养生讲座、文化节庆等，突出主题活动资源，吸引更多的游客前来体验和参与。

八是突出科技应用资源。康旅企业可以运用现代科技手段提升服务质量，例如智能化管理系统、物联网技术、可穿戴设备等，为游客提供更加便捷和高效的服务。

二、攫取资源核心优势

攫取康旅资源的核心优势，发挥资源驱动型康旅产业经济，是康旅产业高质量发展的一个关键环节。要获得康养旅游资源的核心优势，需要注重资源优势、需求优势、产品优势、人才优势、营销优势、合作优势、管理优势等方面的工作。只有全面提升自身实力和竞争力，才能在激烈的市场竞争中脱颖而出。

一是定位资源优势。康养旅游的核心资源包括自然环境、气候条件、文化底蕴等。要选择具有优越自然环境和气候条件的地区，以及具有丰富文化底蕴的旅游目的地，以提供独特的康养旅游体验。

二是找准需求优势。随着人们对健康和养生的需求不断增加，康养旅游市场需求旺盛。要了解不同目标客群的需求，根据市场需求进行细分和定位，并提供针对性的产品和服务。

三是打造产品优势。康养企业需要满足不同游客的需求，提供健康管理、康复治疗、养生休闲等。要打造具有差异化、个性化、品牌化的康养旅游产品，提高产品的吸引力和竞争力。

四是塑造人才优势。康养旅游需要具备专业知识和技能的人才，包括医生、护士、营养师、康复师等。康旅企业要培养和引进高素质的康养旅游专业人才，提高服务质量和专业水平。

五是探索营销优势。有效的营销策略和渠道是获取核心优势的关键。康旅企业要制定针对性的营销策略，通过多种渠道进行宣传推广，提高康养旅游目的地的知名度和美誉度。

六是构建合作优势。康旅企业要与当地政府、企业、社区等合作，共同推动康养旅游的发展，通过合作可以共享资源和经验，共同开发市场，实现互利共赢。

七是加强管理优势。康旅企业要建立完善的管理体系和制度，确保康养旅游目的地的运营高效有序；通过科学管理和有效监控，提高游客满意度和忠诚度。

三、赋能康旅资源智慧

基于互联网背景的康养旅游发展，可以引入现代技术，未来也可通过构建旅游大数据中心，借助 App、自媒体⑮、知名旅游网站更好地推动地方康养旅游实现信息化建设，加快赋能康养旅游资源相关智慧，打造高品质的康养智慧旅游。要赋能康旅资源智慧，需要从以下五个方面入手：

一是数字化转型。利用大数据、云计算、人工智能等技术，对康旅资源进行数字化改造，实现资源信息的实时采集、存储、分析和处理。数字化转型，可以提高资源管理效率和游客体验质量。

二是智能化升级。借助物联网、智能传感等技术，对康旅资源进行智能化升级，实现设备远程监控、故障预警、智能调度等功能。智能化升级可以提高设备运行效率和安全性，降低运营成本。

三是个性化服务。根据游客需求和偏好，提供个性化的康旅服务。例如，通过游客行为分析，为其推荐合适的旅游线路、住宿、餐饮等服务；通过智能导览系统，提供更加便捷的旅游信息服务。

四是社群化运营。通过建立康旅社群，将游客、商家、景区等资源聚集在一起，实现信息共享、互动交流。社群化运营可以提高游客黏性⑲和忠诚度，促进商家之间的合作和资源共享。

　　五是数字跨界融合。将康旅产业与其他产业相关资源进行"产业生命链"的跨界融合，拓展产业链和价值链，实现产业融合的数字资源共享。例如，与体育产业、文化产业、养老产业等进行数字资源融合，开发出更加丰富的康旅产品和服务，推进全产业链的高品质供给。

复习思考

　　1. 现代康旅产业发展的基本原则有哪些？

　　2. 政府如何统筹现代康旅产业的发展？

　　3. 产业如何推动现代康旅产业的发展？

　　4. 市场如何促进现代康旅产业的发展？

　　5. 资源如何助力现代康旅产业的发展？

　　6. 除了本章讲述的内容，思考现代康旅产业发展的路径还有哪些。

第五章 基本知识点
扫码查看

第五章 现代康旅产业发展的路径
扫码查看知识卡片

中国现代康旅产业的探索

第六章

章前引言

中国在探索现代康旅产业发展方面，走出了一条有别于世界各国的特色之路。中国依托现代产业体系的构建，结合独有的中医药文化资源，以促进人的健康发展和满足人民日益增长的美好生活需要为出发点和落脚点，基于医疗、养老、养生、休闲、体育、度假等综合业态的构建，在产品和服务上不断创新，推动现代康旅综合体的建设，促进了现代康旅产业的高质量发展。学习认识中国现代康旅产业的发展历程、中国康旅产业的现代化发展、中国现代康旅综合体建设、大力发展中医药康旅产业和中国现代康旅产业的新动向，对深入了解全球现代康旅产业探索的中国智慧和中国方案，有着积极的意义。

内容结构

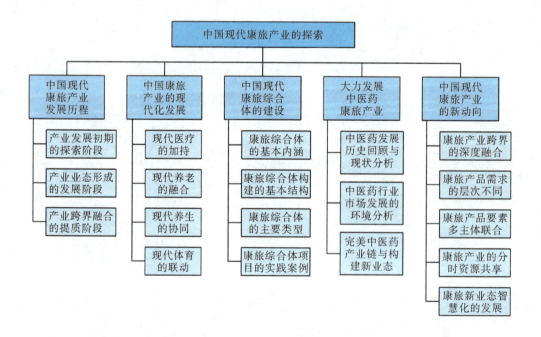

第一节　中国现代康旅产业发展历程

中国是一个拥有悠久历史和丰富文化的国家，在长期的历史进程中，中国留下了许多独特的文化和思想。中国现代康旅产业立足中国独有的康旅资源和文化，以充分挖掘现代康旅产品与服务的市场价值为核心，推动构建现代康旅产业体系，打造促进旅游目的地全体人民共同富裕的现代化服务业。中国现代康旅产业的发展历程主要包括以下三个阶段：

一、产业发展初期的探索阶段

中国康旅产业发展初期的探索阶段，在 1998 年至 2007 年间。这期间"健康""旅游""开发""旅游产品""空气负离子①""森林旅游""康养产品"等高频词不断涌现，人们对健康和旅游充满渴望与憧憬。这些高频词的出现，与当时社会经济发展相关。人们在旅游的同时，不只是停留在旅游体验上，而更加关注旅游体验中促进身心健康的状况，并提出发展健康旅游和开发健康旅游产品的需求。与此同时，旅游者追崇空气负离子较高的森林旅游，通过森林疗法促使恢复旅游者的健康，使森林旅游成为发展健康旅游的最佳载体之一。

二、产业业态形成的发展阶段

中国康旅产业业态形成的发展阶段，在 2008 年至 2012 年期间。2008 年，旅游行业提出"养生旅游""体育旅游""宗教旅游""保健旅游"等一些新的旅游体验项目。2009 年，旅游行业又进一步积极倡导"乡村旅游""健康旅游""养生旅游"等满足大众旅游的消费新业态。2010 年，旅游行业积极倡导开发"健康旅游市场"和"温泉旅游""滨海旅游""山地旅游②"等有益于游客放松心情的康养资源。2012 年，低碳旅游③的兴起，为人们的旅行提供了一种新的方式。旅游行业将健康旅游与养生旅游、宗教旅游④、低碳旅游、体育旅游、乡村旅游、温泉旅游等多种旅游形式相结合，并对康养旅游资源、产品、市场等方面进行探讨，丰富了现代康旅产业发展的内涵，从提升旅游行业全要素生产率，旅游投入与产出效率，旅游要素与市场需求吻合度，旅游对相关产业带动力，旅游对社会、经济、文化、环境发展的贡献力等方面，来重新审视中国康旅产业发展的方向和工作重点。

三、产业跨界融合的提质阶段

党的十八大以来，是中国现代康旅产业跨界融合的提质阶段，康旅产业逐步形成高质量发展态势。2015 年，旅游行业开始探索"中医药健康旅游""医疗旅游""中医药文化""民族医药^⑩文化资源""大健康""互联网+"等与旅游产业融合发展的路径；2016 年，旅游行业提出与康养旅游相关的健康服务、康养旅居、养生旅居等新的旅游体验项目；2017—2018 年，旅游行业进一步提出一系列诸如"大健康产业""健康管理""中国八大菜系^⑬中的健康食品""体育健康旅游综合体""体医融合""康复性景观"等康养旅游特色的体验项目，将"食、住、行、游、购、娱、用、养、学、文、体"等各要素与游客旅行过程中相关体验项目进行优化整合，为旅游者提供个性化的旅游链^⑬的选择。在国家政策和旅游者需求的影响下，康养旅游开始向中医药健康旅游、医疗旅游和保健旅游方向转变，加快了现代康旅产业的融合，逐步构建起中国现代康旅产业的体系。

第二节　中国康旅产业的现代化发展

一、现代医疗的加持

现代医疗加持是指依据旅游者健康情况而定制的医疗旅游，这样的医疗旅游使得健康检查、专科医疗、医美及介入式医疗元素等现代医疗技术或治疗手段，更容易被旅游者所获得。现代医疗加持的康养旅游，以老年人的保健需要为出发点，在传统医养结合的基础上融合了现代医疗保健的理念，既为有健康需要的群体提供健康咨询服务，也促使医疗行业提供更加精确化、智能化、高品质化产品和服务，从而实现从医养融合向医养结合的过渡，最终向医、康、养一体化的整合式医养旅游发展。

典型案例

博鳌乐城国际医疗旅游先行区，是中国首个以国际医疗旅游服务、低碳生态社区和国际组织聚集地为主要内容的国家级试验区，其采用了"法定机构+平台公司"管理机制，试点发展特需医疗、健康管理、照护康复、医美抗衰等国际医疗旅游相关产业，聚集国际国内高端医疗旅游服务和国际前沿医药科技成果，打造国际化医疗技术服务产业聚集区。

博鳌乐城国际医疗旅游先行区自设立以来，吸引了医疗机构、药械企业、医学院校、保险公司等优质产业资源竞相集聚，汇聚了全球顶尖科研专家及特色生物医疗技术，以"权威检测，精准医疗"为特色，以国际领先的免疫细胞⑮、干细胞⑯、成纤维细胞再生修复等治疗技术为核心，秉承"回归大健康产业医疗本质，为国人打造个性化医疗旅游服务体系"的发展理念，目前已整合美国、欧盟⑰、日本、中国等顶尖医疗技术资源，全方位进行康旅产业链布局，从而构筑国际化"医疗+旅游"体系。

资料来源：海南自由贸易港官方网站。

二、现代养老的融合

现代养老的融合是通过将健康医疗资源植入养老机构，实现医疗机构的医疗功能与养老资源及康复功能的优势互补，促进旅居目的地医养融合的发展。现代养老相关的旅游吸引物，需要依托长寿文化来形成以食疗养老、山林疗养、气候养老等为基础，以健康养老服务为补充的综合保健养生养老服务系统。打造面向旅居老人的诊疗机构、康复中心、美容中心、健康医疗研究机构，高端养老机构、老人活动中心等旅游体验项目，并引入著名的健康医养服务机构，同时利用网络、大数据、云计算等先进技术手段，来建设世界一流的现代养老社区，实现健康医疗配套、优质养老服务和智慧型医养服务的一体化，进一步促进护理、食品、健康医疗、老人用品、金融、旅游等多个领域的协同发展。

典型案例

康宁津园是集养老、医疗、康复、旅居、教育等多元化服务于一体的新型养老社区，秉承"为长者创造全新生活方式"的核心理念，以服务特色为核心竞争力，不断丰富品牌内涵，曾获得全国智慧健康养老应用示范企业称号；入选全国养老服务业发展典型案例，获得国家级高新技术企业评定，多次获得行业评选的优秀康养社区称号等荣誉。康宁津园不仅在养老服务方面有着卓越表现，还凭借在康养旅居方面的优势，成功入选由文化和旅游部等三部门共同遴选公布的20个老年旅游典型案例名单。据悉，康宁津园充分利用康养资源优势发展康养旅居业务，推出三种康养旅居套票；结合天津旅游资源，推出康养旅居路线，旅居老人可在园区体验特色康养理疗项目，可以体验的定制课程包括插花、手工制作等。此外，旅居老人还可以体验乘坐海河游船、参观五大道等天津特色旅游项目。园区具备专业的适老化房间以及24小时管家、医护、安保服务，让客户可以深度体验康养旅居。

资料来源：央广网。

三、现代养生的协同

现代养生的协同侧重于维持或强化个人的健康元素，以理疗为特色，通过挖掘区域民族中药材、特色中医疗法、地热温泉、矿物资源等传统中医学领域元素，达到养生的目的。现代养生的旅游体验以原生态的自然为依据，以保健医疗、休憩观光旅游为开发基础，着力推进发展保健医疗、休憩观光旅游、森林休闲等康旅产业，并借助旅游目的地得天独厚的气候和自然环境，逐步构建起以养生为核心的生态体验、度假疗养、涌泉水疗养老、山林疗养、山地避暑度假疗养、海岛避寒疗养、湿地疗养、矿石质疗养、田园疗养等康养旅游相关的产业，形成疗养休憩庄园、疗养休假村、自然疗养谷、温泉养生休假村、生态旅馆、民宿等康养旅游接待业。

典型案例

浙南健康小镇。小镇位于龙泉市兰巨乡，背靠国家级自然保护区龙泉山，是长寿龙泉第一乡，是好山好水好空气的齐聚地。同时，健康小镇的食药材资源极其丰富，是健康食养、药养绝佳福地。政府利用其得天独厚的生态条件和长寿特色，发展农业观光、健康餐饮、休闲娱乐、养生度假等多功能的健康长寿小镇。小镇特色是挖掘长寿文化，从食养、药养、水养、文养、气养五方面发展长寿经济。

灰汤温泉小镇。小镇位于湖南宁乡灰汤镇，总面积48平方千米，泉水水温高达89.5℃，是中国三大著名高温复合温泉之一，已有2000多年的历史，温泉区占地面积8平方千米，温泉水量丰富。结合温泉发展"温泉X"产业，现已开发建设有温泉酒店、温泉游泳馆、高尔夫练习场等各种休闲建设设施、疗养体检中心等，是集温泉养生、运动休闲、会议培训、健康体检于一体的温泉小镇。小镇以天然温泉资源为核心亮点，同时以温泉为基础，发展温泉酒店、温泉会议、温泉运动等特色产业。

大泗镇中药养生小镇。小镇位于江苏大泗镇的中药科技园，面积约1 240亩，总投资4亿元，该园以中药材种植为中心，是产学研相结合的示范性中药科技园。小镇以中药科技园为核心，打造"1 3 X"的发展体系。1为中药科技园，3指休闲娱乐、中药养生、医疗器械产业三大健康产业，X为舞台文化、养老、生态农业等多个配套产业，打造中药文化、养生文化、旅游文化的平台。项目以原生态环境和高质量老年客户为基础，建设颐乐学院和雅达国际康复医院，形成居医养的特色养老体系。

平水养生小镇。小镇位于浙江平水镇，境内青山叠翠，千岩竞秀，生态环境迷人，文化底蕴深厚，以建设"养生特色小镇"为发展目标。小镇积极培育和引导养生养老产业项目，吸引了国际度假村项目、中药养生会所项目、仙人谷养生养老项目等，为小镇健康养生养老、休闲旅游提供了条件。项目特色包括依托原生态的自然环境发展健康养生、休闲旅游等生态养生产业。

资料来源：财经聚焦24小时。

四、现代体育的联动

现代体育的联动是指利用体育锻炼作为旅游行为的一种方式来促进身体健康的"体旅"融合模式。随着消费升级与都市生活下人们健康意识的提高，以休闲运动为主题的体育健康产业蓬勃发展，并逐步在旅游目的地中形成"体旅"联动的发展方式。该方式借助高山、沟谷、水域等自然环境、地形条件和自然资源，重点开发山地户外运动、水上运动、室外开拓、户外体育营地、户外体育运动、定向运动、养生体育、极限运动、中国传统体育、徒步旅行、探险等户外锻炼的康体养生项目，促进体育、观光、度假、健康、赛事等行业的深度融合，成为现代康旅产业发展的重要组成部分。

典型案例

　　贵州安龙国家山地户外运动示范公园。这是位于黔西南州安龙县笃山镇的安龙国家山地户外运动示范公园，也是全国首个山地户外运动示范公园。2023 年 9 月 22 日至 25 日，2023 国际山地旅游暨户外运动大会安龙笃山国际攀岩周在这里举办，来自英国、澳大利亚、喀麦隆等国家的外籍运动员，以及全国各地的运动员、攀岩爱好者共 400 余人齐聚这里，在室内攀岩馆和自然岩壁分别开展攀岩挑战赛。与此同时，飞拉达岩壁体验、山地自行车骑游、荷花赛道 119 消防跑、美美安龙加油跑、笃山迷你山地越野跑等丰富的户外赛事活动，吸引了不少游客前来体验山地户外运动与体育旅游的魅力。

　　资料来源：贵州省体育局。

第三节　中国现代康旅综合体的建设

一、康旅综合体的基本内涵

　　"康旅综合体"是一个新事物，学界对于康旅综合体的概念也无清晰的界定。"综合体"一词来源于建筑，是一种多功能的有机组合模式，并以某一领域为基础，融合相关功能于一体，基本具备了该领域的全部功能。康旅综合体的实质是一种旅游综合体。从区域特征的视角看，旅游综合体是以旅游资源为依托，旅游度假为主导，融合观光、休闲等多功能，集多种业态与产品，为游客提供全方位服务的综合发展区域。从空间布局的形态看，旅游综合体是以旅游资源为基础，以旅游、观光、休闲、度假等功能为导向，通过土地综合开发，满足旅游者需求的综合区域化空间布局形态。从产业集群的视角看，旅游综合体是在特定旅游地域空间内，依托一定的自然生态条件等，通过资源和区位的比较优势，集聚旅游发展要素，形成以旅游功能为主导，融合休闲、观光、娱乐、度假等多种旅游功能于一体的内生型旅游产业集群。旅游综合体有以下特征：一是旅游综合体在一定区域内以旅游资源为基础，无论是自然形成还是人工创造；二是旅游综合体以旅游为主导，集休闲、观光等众多功能于一体；三是旅游综合体需满足游客对旅游各方面的需求，相较于单一的旅游景点，旅游综合体能依据旅游本身的综合性，全方位、分层次地满足游客需求。

康旅综合体是旅游综合体聚焦"康养"主题的一种发展形式。康旅综合体需要凭借较优越的康养旅游资源和区位条件，以健康、养生、养老等企业为主体，集康养、旅游、休闲、娱乐、会展等产业于一体，拥有多种康旅功能和配套设施，且能满足游客多种需求和全方位服务的康旅综合发展区域。显然，康旅综合体并非森林康旅、温泉康旅、美容康旅、医疗康旅等类型的简单叠加，而是将某种类型的康养旅游作为特色，优化其相关配套设施，实现较固定游客群体对康养旅游体验的升华，进而满足其全方位的需求。康旅综合体有以下特征：一是康旅综合体是在相对固定的区域内；二是康旅综合体拥有较丰富的康旅资源和便捷的交通设施；三是综合体内以康旅为主体产业，并融合休闲等相关产业，构建健康、养生、养老、医疗所需的功能体系。

二、康旅综合体构建的基本结构

（一）康旅综合体的总体结构

不同类型的康旅综合体的结构形态各异，但归纳起来至少包含三个部分：最内层是康旅综合体的核心子系统，即特色康旅服务区，服务区内提供健康、养生、养老等特色服务，以满足游客体验的需求；中间层是康旅综合体的关联子系统，即与特色康旅服务密切相关的服务区，该服务区有力地延伸了核心子系统的服务，为游客享受全方位的康旅体验提供了保障；最外层是康旅综合体的辅助子系统，即支撑特色康旅服务及其相关服务的子系统，为康旅综合体的顺利运转服务。

（二）康旅综合体核心子系统结构

核心子系统依据康旅资源特征确定综合体的特色，借助何莽等对康养内涵的理解，可将康旅综合体划分为健康服务区、养生服务区和养老服务区等。各服务区依据资源的差异分布，选址于适合其长远发展的区域。各服务区提供产品的功能直接关系到游客对康旅综合体服务的满意度，需要针对目标群体，凭借康旅综合体自身优势，整合子系统内各服务区的功能，适应游客日益发展的康旅体验需求。核心子系统内各个服务区联系紧密，存在共生乃至融合的关系，需要加强合作，为更好地满足游客需求发挥作用。同时，核心子系统应发挥自身明显的溢出效应[注]，辐射周围康旅关联服务产业，带动整个康旅综合体的发展，发挥康旅综合体"龙头"的作用。

（三）康旅综合体关联子系统结构

康旅综合体的关联子系统依赖于核心子系统的溢出效应，一般包含康旅基础设施、康旅交通、康旅娱乐购物设施、康旅会展中心、住宿区和游憩区等。关联子系统中的各个服务单元一般依据核心子系统的辐射效应分布，同时，各个服务单元往往错落有致，接受着核心子系统的溢出效应而带来的益处。关联子系统主要满足游客享受特色康旅服务的延伸服务，为游客能更全方位享受特色康旅服务提供功能性保障。各服务单元虽彼此独立，都发挥着各自的功能，但彼此间的功能又相互交叉渗透。关联子系统除享受核心子系统带来的溢出效应外，还发挥着做深做透康旅综合体的作用。游客在享受核心子系统的康旅服务后，还会有购买康旅纪念品、享受娱乐的需求，关联子系统就可发挥作用，实现游客全方位体验康旅综合体。

（四）康旅综合体辅助子系统结构

辅助子系统由支撑康旅综合体的核心子系统和关联子系统的组织构成，一般包括康旅综合体管理部门、康旅行业协会、培训机构、金融服务机构、网络技术服务组织、后勤服务组织等。辅助子系统中各组织具有服务康旅综合体核心子系统、关联子系统的功能，尽管各组织功能不同，但都不可或缺，每一个组织都承担着维持康旅综合体正常运转的职责，如管理部门发布公告，确立康旅综合体的规范，营造良好的氛围；培训机构依据康旅综合体特色，培训新产品经营人员，提高服务素质等。各组织协同发展形成系统，体现其整体服务功能。辅助子系统的作用主要体现在支撑核心、关联康旅综合体子系统规范、高效、长期、有序地运行。同时，辅助子系统还需要为康旅综合体生存、创新、成长发挥应有的作用，如金融服务机构需支持有前景的特色康旅服务产品的成长，为其提供贷款，从而为康旅综合体的发展发挥积极的作用。

三、康旅综合体的主要类型

（一）自然资源依托型

自然资源依托型康旅综合体通常依托本地区不可替代的、具有高康养价值的自然资源，如森林、温泉、气候、滨海等。特色资源对游客有较大的康养旅游驱动力和吸引力，自然资源依托型康养旅游目的地通过开发区域内森林、温泉、气候和滨海等自然资源，形成独具特色的康旅产品，满足康旅爱好者需求。因此，在康旅综合体产生的过程中自然资源作为开发的核心，一方面，自然资源决定着康养旅游吸引物的价值；另一方面，自然资源是吸引游客的重要保障，同时，自然资源依托型康旅综合体的生存和发展也还依赖于特色康旅资源。游客会依据区域内康养资源对康旅综合体的满意度进行自我评价，并提出进一步针对提升康旅综合体发展的需求。康养综合体也会依据自身自然康旅资源的特性，有选择地开发适合自身进一步发展的资源，实现康旅综合体的长远发展。

> **攀枝花**
>
> 攀枝花是中国有名的"康养胜地"，具有得天独厚的康养旅游资源，创造性地提出了"阳光康养旅游"概念，以打造全国阳光康养旅游目的地作为发展目标。攀枝花康养旅游产品主要依托当地年日照 2 700 小时左右、无霜期 300 天以上、冬暖夏凉等气候优势，将森林、温泉、鲜花、水果、美食、体育资源等优势资源与康养旅游紧密结合起来，推出了一批以医疗保健、阳光康养、森林康养、温泉康养、体育康养为主题的旅游产品。
>
> 资料来源：王欣，陈微，邹统钎，等. 中国康养旅游发展报告［M］. 北京：社会科学文献出版社，2020.

（二）文化资源驱动型

文化资源驱动型康旅综合体是依托区域内康养文化底蕴而开发康养旅游服务，以凸显康旅文化价值而获得生存和发展机会的区域。文化资源驱动型康旅综合体针对自然资源不足以支撑康旅发展的区域，深挖康养文化资源，创造以康养文化资源为主导的康养综合体。一方面，中国丰富的康养文化得到了较多康养爱好者认同，康养文化的影响力可与康养自然资源的吸引力相媲美，因此具有较深厚的客源基础；另一方面，康养文化的可雕琢性比自然康养资源强，在康旅综合体发展方面更有空间，可维持较长时间的高效益。文化资源驱动型康旅综合体在发展方面需要深挖康养文化资源，如中国传统文化中蕴含的保健养生、健康生活的理念和哲学（中医药文化、武术太极思想、养生功法和素斋禅茶等），结合本区域的康旅特色，创造出受游客青睐的康旅产品，从而形成规模型康旅服务区。此外，以文化资源为主要驱动力的康旅综合体的发展还需要与时代紧密结合。不同于自然资源依托型康旅综合体，康旅文化更容易随时代的发展而产生新的变化，文化资源驱动型康旅综合体需从时代发展中汲取成长的养分，并结合本区域内的客观现实，创造出新奇康旅体验，以提高游客再次体验康旅综合体的兴趣，从而形成忠诚的顾客群体，为康旅综合体的发展提供持久的竞争力。

安徽齐云康旅小镇

齐云康旅小镇地处中国四大道教圣地齐云山脚下，拥有道教建筑、道家饮食、道场道乐等丰富的道教文化资源，由休宁县政府和祥源控股集团共同运营。

一是功能定位。齐云康旅小镇以齐云山道家养生文化为精髓，以休宁福山福水环境为载体，实施"旅游+"战略，挖掘文化特色，以文旅产业为核心，重点建设"文化传播+休闲度假+健康养生+户外运动"的产业格局，打造安徽省首个以健康养生、灵修养心、休闲养老"三养文化"为主题度假养生产品的文化旅游区。

二是创新做法。齐云康旅小镇深度挖掘康旅文化资源，陆续举办国际养生万人徒步大会、道教文化发展论坛、全国道教联盟大会、齐云山音乐节、休闲运动养生节等一系列活动，推出齐云篝火晚会、茶·道养生齐云山研学班等特色产品，设计研究具有齐云山特色的道茶、道乐、道斋[9]、纪念册、摩崖石刻画册、生态文化影音等旅游纪念品，做到"季季有主题、月月有活动"，有效扩大小镇文化影响力，使其影响力指数一直位于安徽省第一批特色小镇前五。

三是特色成效。齐云康旅小镇通过引进一批老中医、航天科研人员和中高级管理人才，加强了小镇先进要素集聚，同时还吸引日本爱智思（HIS）国际旅行社、台湾纬创资通等企业考察。小镇康旅综合体发展造就了600余个就业岗位，带动周边4 000余人参与旅游服务业，为小镇发展注入了新的活力。

资料来源：安徽省发展和改革委员会官网。

（三）现代科技赋能型

现代科技赋能型康旅综合体是国内新兴的康旅综合体。科技的日新月异使得康养产业的科技水平显著提升。现代科技主要运用于体育运动装备类、美容产品研发类、健康保健监测类、现代健康生活类等与康养旅游密切相关的科技设备。因此，科技赋能型康养旅游综合体服务产品主要集中于养生度假、瑜伽推拿、温泉药膳、运动冒险等领域。目前，随着国内医疗健康产业科技研发力度的加大，科技赋能型康旅综合体将越来越受到重视。

垚和健康

　　垚和健康城的康养综合体，也是一个坐落在国家 5A 级旅游景区、诗仙李白"神游"场景——神仙居（天姥山）的全国首家泛自然医学智慧康养综合体产业平台，还是一个通过"自然环境+自然疗法+高科技手段"为高品质健康、亚健康、慢病及医学难症人群提供医疗、康养、康旅、智慧健康等高端精准康养服务的综合体。垚和健康以泛自然医学为理念，集聚技术优势、环境优势、专家优势，形成"1+N"发展模式。其中，"1"是指以神仙居为基地的智慧康养综合体，即垚和健康城。"N"是指 N 个省会城市的区域运营中心和下沉到县域市场的垚和健康会客厅（康养基站）。依托于"1+N"双轮驱动模式，垚和健康还专门成立了全资子公司，负责向外整体输出康养综合体运营的垚和方案，在康养项目定位、功能区设立、运营规划、供应链、康养数智化等方面赋能合作伙伴。垚和健康还与央企保险公司合作，推出了健康消费保险金融产品，让会员在享受康养抗衰老服务消费的同时还能定期获得投资回报。

　　资料来源：动脉网。

四、康旅综合体项目的实践案例

（一）攀枝花普达阳光国际康养度假中心项目

　　普达阳光国际康养度假中心项目由攀枝花政府设立，由专业机构设计规划。度假中心占地面积 9 平方千米，以"阳光游乐"等四大板块为康养核心，构建康养、健康、休闲等 8 大康养服务体系。项目业态涵盖了休闲旅游度假区、国际医疗健康管理中心等一大批康养设施。同时，以"康养+服务"为开发经营模式，度假中心以客户为中心，形成健康产业服务体系，为客户打造完整的康养服务体系。此外，度假中心交通便利，至最近的高铁、机场只需要 30 分钟。

普达阳光国际康养度假中心项目介绍

普达阳光国际康养度假中心是四川发展（控股）有限责任公司在阳光花城攀枝花市布局的康养产业标杆示范性项目，规划占地面积约 13 000 亩，建设用地面积约 2 800 亩，总投资逾 200 亿元，目前已累计完成投资超 35 亿元，已累计开发土地面积约 777 亩。项目以打造"中国康养旅居生活范本"为目标，致力于构建"康养+健康管理"、中医养生、专业照护、职业培训、旅居度假、健康生活六大康养产业体系，为客户提供管家服务，现已成为四川省乃至西南地区康养产业典范，先后荣获四川省重点项目、四川省重点旅游项目、四川省十大优秀旅游最佳投资项目、四川最佳康养目的地等荣誉。

资料来源：四川天府健康产业投资集团有限责任公司官网。

（二）遵义桃花江国际健康医疗旅游示范基地项目

桃花江国际健康医疗旅游示范基地是西南片区具有代表性的健康旅游示范基地。项目规划面积 23.5 平方千米，并进行政府招标，建立医疗医药、养生养老和旅游度假三大产业，拥有美容抗衰、中医特色康养、田园养生、森林康养等功能，交通便捷、资源禀赋高，能为游客提供完整的康养、医疗、旅游等服务。

遵义桃花江国际健康医疗旅游示范基地项目介绍

遵义桃花江国际健康医疗旅游示范基地坚持以生态、健康、休闲、养生和旅游为发展方向，打造国际知名、国内一流的健康医疗旅游目的地和医疗高端人才聚集区。项目基础目标人群主要覆盖湖南、湖北、四川、重庆、广东、广西、云南、西藏、陕西等省（区、市）及全国、全球需求人群。该示范基地以高端医疗和特色服务为重点，主要布局乳腺病（与国际一流专家，美国首席乳腺病专家尼尔·波戴合作）、生命科学（与华大基因、北科生物合作干细胞治疗前沿技术）、特色中医康复中心（以传统中医和地方民族特色医药为主）、大健康旅游、养生等产业。

资料来源：耿建忠，张睿瑶. 西南地区康养旅游发展报告［M］//王欣，陈微，邹统钎，等. 中国康养旅游发展报告. 北京：社会科学文献出版社，2020.

（三）福鼎白茶森林康养基地

福鼎白茶森林康养基地位于闽浙边界的福鼎市太姥山镇境内，森林覆盖率为88.05%，植被类型丰富。基地内山峻、石奇、洞异、溪秀、瀑急，自然景观独特，还拥有古刹、碑刻、摩崖碑刻等丰富的人文景观资源。近年来，基地内打造了森林浴场、日光浴场、森林白茶馆、芳香疗养、森林密探等疗愈场所。游客在此可远离尘嚣、亲近自然，品尝享誉世界的福鼎白茶。

福鼎白茶森林康养基地项目介绍

福鼎白茶森林康养基地积极践行"绿水青山就是金山银山"理念，围绕福鼎白茶产业，结合旅游与白茶，通过深耕森林荒野老茶树的种植与维护，将白茶老树与森林康养相结合，打造了森林生态茶山。政府希望未来通过全力打造福鼎白茶森林康养基地，助力福鼎白茶、太姥山旅游与森林康养产业融合发展，践行茶旅融合理念，助力乡村振兴。基地充分发挥万亩林场和森林荒野老树白茶山丰富的生态及人文景观的独特优势，其中大荒森林荒野老树白茶客栈已被列入福建省职工疗休养基地、入围党政机关会议定点场所。

资料来源：《人民日报》。

第四节　大力发展中医药康旅产业

一、中医药发展历史回顾与现状分析

2019年5月25日，第72届世界卫生大会正式审议通过了《国际疾病分类第十一次修订本（ICD-11）》，首次将传统医学纳入其中。在中国几千年的历史发展与沉淀中，中医药学逐渐发展成为成熟的学科体系，在人类健康需求方面起到了至关重要的作用。

（一）中医药发展历史回顾

2015年，"百年中医史研究"项目组组长、中国中医科学院中国医史文献研究所副所长朱建平在"百年中医史研究与历史启示"的主题报告中将中医药发

展分为"抗争图存、自强发展""事业奠基、曲折前行""全面发展、走向世界"三个关键时期。

1. 抗争图存、自强发展

文艺复兴后西医进入了新征途并逐渐步入科学轨道，为中医药的突破性发展带来了剧烈冲击，中医药的发展和社会地位问题一度引起中医药学界和社会各界的重视，中医和西医之间的矛盾被不断激化与升级。辛亥革命后，北洋政府教育部将中医药学划分在正规教育课程体系之外，中医药学受到政治、经济、社会等各方面发展的制约，在新中国成立之前的较长一段时间内，中医药事业受到严重冲击和限制，中医药学发展举步维艰。1935年后，在冯玉祥等人的支持下，中医药学的发展问题重新被纳入医学教育领域，但中国在近现代社会发展中的劣势地位，导致中医药学的相关问题始终未得到根本解决，中医药抗争图存、在艰难曲折中自强发展。

2. 事业奠基、曲折前行

新中国成立后，为适应社会、科技等多领域的快速发展需求，中医药受到高度重视，广大医疗与科研人员共同推动中医药事业进入大发展与大跨越时期。1966年后，受到国家发展战略的影响，中国经济社会各领域发展受挫，中医药事业在曲折中前行。20世纪70年代开始，在世界卫生组织的支持下，中医药逐步得到国际社会的认可，中医药事业再次迈入新征程。1975年北京国际针灸培训中心在WHO的建议与支持下开办；1976年WHO将传统医学事业列为主要工作之一；1977年11月日内瓦促进和发展传统医学会议肯定了传统医学的作用和地位，传统医学的发展逐渐受到国际社会及国际医学领域的重视；1978年传统医学规划署成立，进一步提升了传统医学的重要地位。

标志性事件

1971年尼克松总统访华前夕，《纽约时报》资深记者詹姆斯·罗斯顿在北京患阑尾炎并进行了手术，术后因腹部胀痛体验针灸治疗。后其将在病床上的详细经历写成纪实报道，并于1971年7月26日发表在《纽约时报》上，引起美国群众的极大兴趣。随后美国的医学报刊开始对中医和针灸进行介绍，由此引发了美国的"针灸热"，中医药在美国得到迅速发展与推广。此后，中医药学发展在全球范围迈入新发展阶段。

资料来源：毛嘉陵. 中国中医药发展报告（2019）[M]. 北京：社会科学文献出版社，2019.

3. 全面发展、走向世界

20世纪80年代后，在当代中医界同仁[20]的共同努力下，中医药的发展开始走向现代化并逐渐实现新的突破，从医疗、保健、产业、科研等方面实现全面发展。2003年WHO制定了传统医学发展战略，2008—2019年，《世界卫生组织2014—2023年传统医学战略》《国际疾病分类第十一次修订本（ICD-11）》相继实施，中医药学影响力在全球范围得到有力提升。2007年后，国家中医药管理局组织专业团队对中医优势病种进行梳理和归纳，公布了400多个中医优势病种的临床路径与诊疗方案。为适应国家经济社会发展建设需要，中医药人才队伍不断壮大，中医药事业在实践与发展中逐渐走出一条适合中国国情的发展道路，从中医药学教育体系、中医药学科研领域、中医药学企事业单位等方面实现了多栖发展，中医药学在保障全国人民身心健康乃至全球人民健康方面发挥着越来越重要的作用。

（二）中医药发展现状分析

1. 中医药发展的新需求

在经济迅速发展与技术换代升级的双重作用下，20世纪西医的快速发展在疾病治疗与诊断方面为人类提供了巨大帮助，但同时西医治疗体系在人体中的副作用也逐渐显现出来，为中医药发展提供了新的土壤和市场。在经济社会急速发展的21世纪，世界展现出全球经济发展一体化的显著特征，在现代生活快节奏、高压力的影响下，亚健康人群在迅速增多，精神性因素或心理性因素诱导产生的疾病是现代医学界面临的重大问题。在现代科技文明进步的背景下，中医药学的综合性、全面性、多元性、根治性等优势更加突出，中医药学的全新发展对于解决人类文明发展过程中出现的亚健康问题具有重要的现实意义，为现代医学体系重新认识到中医药学的重大价值提供了巨大市场，同时为共同推动中医药学的创新发展提供了更多可能。

2. 中医药发展的新理念

在国际医学体系不断完善的全新背景下，人民群众更加重视生命安全和健康质量，健康医学理念与模式不断涌现出来。一方面，创新理念。在全国重点实验室、国家临床医学研究中心、中国中医科学院专项工程、国家中医药传承创新中心等国家中医药传承创新平台工程的支持下，中国国家中医药创新发展体系正在形成，为中医药学创新发展提供了发展环境；另一方面，绿色理念。绿色发展不仅与人民群众的生命安全和健康息息相关，同时也关乎全球生态文明建设和全球生态安全，绿色发展与中医药领域的"健康、环保、养生"理念相契合，符合中国绿色低碳发展的总体战略要求。实现创新发展与绿色发展，不仅有助于维护中医药学界的发展权益，而且对于巩固提升中医药学在全球医学体系内的国际地位具有重大现实作用。

3. 中医药发展的新趋势

进入 21 世纪后，中医药发展全球化趋势正在形成，尤其是中医药在新冠疫情中发挥的独特作用，因其治疗成本低、易推广应用等优势较为明显，再次奠定了中医药发展全球化的坚实基础，中医药学话语体系正逐步在全球范围内建立起来。医疗健康旅游行业成为社会发展的主要经济增长点，并在带动就业、刺激消费、推动产业发展、文化传播方面起到关键性作用，是中医药行业发展的新趋势。中医药健康旅游产业作为"+旅游"中的新兴产业，现阶段仍处于中医药产业与旅游产业初步融合的发展阶段，在康养旅游目的地建设、康养旅游营销推广、康养旅游市场规模提升等方面具有较大发展空间。

二、中医药行业市场发展的环境分析

（一）政策环境

完善的政策体系是中医药行业实现传承与创新发展的基础性支撑。特别是党的十八大以来，中医药行业的法律法规与政策体系逐步健全与完善。为了弘扬中医药文化，发展中医药事业，2016 年 12 月 25 日第十二届全国人民代表大会常务委员会第二十五次会议通过《中华人民共和国中医药法》，使中医药行业的发展有法可依，保障和促进中医药事业发展，保护人民健康。《国务院关于印发中医药发展战略规划纲要（2016—2030 年）的通知》（国发〔2016〕15 号）、《中共中央 国务院关于促进中医药传承创新发展的意见》、《国务院办公厅印发关于加快中医药特色发展若干政策措施的通知》（国办发〔2021〕3 号）、《国务院办公厅关于印发"十四五"中医药发展规划的通知》（国办发〔2022〕5 号）等政策文件的相继颁布为中国中医药事业发展提供了重要的政策支持，中医药行业的传承与中医药政策体系的完善是引导与指导中医药领域实现全新发展的重要保障。

政策原文

《国务院关于印发中医药发展战略规划纲要（2016—2030 年）的通知》（国发〔2016〕15 号）强调："中医药作为我国独特的卫生资源、潜力巨大的

经济资源、具有原创优势的科技资源、优秀的文化资源和重要的生态资源，在经济社会发展中发挥着重要作用。随着我国新型工业化、信息化、城镇化、农业现代化深入发展，人口老龄化进程加快，健康服务业蓬勃发展，人民群众对中医药服务的需求越来越旺盛，迫切需要继承、发展、利用好中医药，充分发挥中医药在深化医药卫生体制改革中的作用，造福人类健康。"

《中共中央 国务院关于促进中医药传承创新发展的意见》提出："传承创新发展中医药是新时代中国特色社会主义事业的重要内容，是中华民族伟大复兴的大事，对于坚持中西医并重、打造中医药和西医药相互补充协调发展的中国特色卫生健康发展模式，发挥中医药原创优势、推动我国生命科学实现创新突破，弘扬中华优秀传统文化、增强民族自信和文化自信，促进文明互鉴和民心相通、推动构建人类命运共同体具有重要意义。"

《国务院办公厅关于印发"十四五"中医药发展规划的通知》（国办发〔2022〕5号）中明确提出："以习近平新时代中国特色社会主义思想为指导，深入贯彻党的十九大和十九届历次全会精神，统筹推进'五位一体'总体布局，协调推进'四个全面'战略布局，认真落实党中央、国务院决策部署，坚持稳中求进工作总基调，立足新发展阶段，完整、准确、全面贯彻新发展理念，构建新发展格局，坚持中西医并重，传承精华、守正创新，实施中医药振兴发展重大工程，补短板、强弱项、扬优势、激活力，推进中医药和现代科学相结合，推动中医药和西医药相互补充、协调发展，推进中医药现代化、产业化，推动中医药高质量发展和走向世界，为全面推进健康中国建设、更好保障人民健康提供有力支撑。"

2016年，联合国正式启动《2030年可持续发展议程》，为全球各国各领域发展提出可持续发展⑩的明确要求。为响应联合国号召，《2030可持续发展中的健康促进上海宣言》在2016年第九届全球健康促进大会上发表，以可持续发展战略要求为支撑，中医药学在现代化医学体系以及全球经济社会发展中举足轻重的地位逐渐显现。国家战略是中医药学实现长远发展的重要支撑，党的十九大作出实施健康中国战略的重大决策部署，《国务院关于实施健康中国行动的意见》（国发〔2019〕13号）明确指出："加快推动卫生健康工作理念、服务方式从以治病为中心转变为以人民健康为中心，建立健全健康教育体系。"国家经济实力和科技实力是中医药行业创新发展的基础性支撑，中国坚定不移地推进中华民族伟大复兴历史进程，一定程度上为中医药行业的繁荣发展提供了国家战略性支持。

（二）经济环境

1. 国内经济稳中向好发展

党的十八大以来，中国经济实现持续稳定增长，国内生产总值（GDP）和人均国内生产总值均实现快速增长。2020 年中国 GDP 首次突破百万亿元大关。在新冠疫情全球流行导致世界经济大萧条的背景下，中国国内生产总值保持正向增长态势，充分体现出中国经济的较强韧性，社会主义市场经济的优越性凸显。中国卫生总费用逐年增加，医疗卫生消费市场规模迅速扩大，2021 年中国卫生总费用高达 7.68 万亿元，为中医药行业快速发展提供了广阔的空间（见图 6-1）。

图 6-1　2017—2021 年中国 GDP 及卫生总费用增长情况

数据来源：2018—2023 年《中国统计年鉴》。

2. 全球经济衰退出现缓和

在地缘政治风险、逆全球化等多重复杂因素影响下，全球经济发展环境复杂且总体形势严峻，但当今世界主题仍然是"和平与发展"，"合作共赢"是全球各国人民的普遍诉求。全球经济经历了新冠疫情的冲击，经济衰退严峻形势逐渐缓和。为应对低迷经济发展态势、避免企业大面积破产、减缓经济衰退、实现经济复苏，世界各国相继开展经济政策支持，例如：欧盟建立"抗疫恢复基金"、非洲部分国家使用数字技术提供社会援助等，为全球经济的复苏夯实了基础，也为中医药产业走向世界提供了良好的发展机遇。

（三）社会环境

中医药学的传承与创新发展是中国全球竞争力不断提升的重要表现。在中国国家战略和政策的支持下，中医药学建设的主动性得到了有效释放，中医药学的民族认同感在社会重大事件中得到充分验证。自新冠疫情在全球范围内大暴发以来，中医药在抗击新冠疫情中发挥的作用得到各国政府和人民群众的充分肯定，中医药及中医药相关诊疗手法和相关中成药在全国各界乃至全球各国受到越来越多的关注，社会影响力快速提升为中医药业迅速发展奠定了重要基础。中医药学已成为中国与世界各国文明交流、构建人类卫生健康共同体的重要载体，中医药学的国际影响力持续提升。

（四）技术环境

1. 现代信息技术

现代信息技术服务可以突破时间与空间限制，及时、迅速地收集、处理并反馈信息，现代信息技术具有科学化、精准化、智能化特点，为中医药学在继承传统的基础上实现创新发展提供了技术支持。科技创新是中医药领域快速发展的有力支撑，在大数据建设、智慧化建设逐渐成熟的背景下，中医药领域在现代信息技术的支持下迎来了全新发展机遇。2020年，国家中医药管理局通过进一步加强信息化建设助力中医药发展，通过大力推进实施基层医疗卫生机构中医诊疗区健康信息平台项目、推进全民健康保障信息化工程一期中医药项目建设、推动中医药与互联网融合发展等举措加强中医药信息化建设。截至2020年年底，健康信息平台已接入1.4万家中医馆、注册医生3.8万余人，查询知识库103万余次。

2. 科技监管体系

完善的科技监管体系是中医药学健康持续发展的重要保障，2020年，国家中医药管理局根据财政部有关要求，结合工作实际情况积极开展内部控制建设情况督导评价工作。同时，中国正在将5G+物联网技术应用于中医药学智慧化管理中，中国初步建立了国家和省级中医馆健康信息平台、31个省级中医药数据中心，基本建成局直属管中医医院信息集成平台（国家中医药管理局，2022）。中国中医药领域和中医药企业逐步建立起完善的智慧监管平台，并形成"事前预警—事中管控—事后分析"三位一体管理模式，管理人员可利用大数据技术对医疗机构进行实时监测，以此强化中医药领域和行业的监督与管理，中医药发展迎来数字化和网络化时代。

三、完善中医药产业链与构建新业态

(一) 逐步完善中医药产业链结构

　　中医药产业链结构由"上游产业—中游产业—下游产业"构成,在中医药领域技术水平由传统机械化向数字化、智能化转换与升级过程中,上中下游产业联动发展更有助于经济规模效应的发挥。中医药上游产业是中医药产业发展的源头与根基,上游产业主要包括药材种植、药材矿物采集、药用动物养殖等产业,中国药材种植已进入规模化生产阶段,2017—2021 年中国药材种植面积持续稳定增加,年均增长率为 9.31%,2021 年中国药材种植面积已达 3 087.12 千公顷(见图 6-2),从中药材播种占中国农作物播种总面积的比例来看,中医药在中国农作物播种中所处位置愈加重要,2021 年已上升至 1.83%;中医药中游产业主要包含中药材、中药饮片、中成药、中药保健品在内的中医药产业,为中医药行业产业链的生产环节与加工环节;中医药下游产业主要包括医药流通企业、中医医疗机构、医疗卫生机构、中医电商等产业,成为中医药行业产业链的推广环节、销售环节与服务环节。随着人民生活水平的提升与消费结构升级,大健康中医药领域受到更加广泛的关注,中医药行业具有很大的发展空间。

图 6-2　中国 2017—2021 年药材播种面积及增速

数据来源：2018—2023 年《中国统计年鉴》。

（二）构建中医药康旅发展新态势

1. 夯实中医药康旅的建设基础

2016 年，国家旅游局、国家中医药管理局联合启动"国家中医药健康旅游示范区"项目，随着"健康中国"行动在全国各省的持续性推进，中医药大健康产业融合正迎来新市场，中医药大健康产业融合建设正在逐步推进。国家中医药管理局与中央宣传部联合推进"中医药文化弘扬工程"，为中医药文化建设作出整体安排。在中国各部门、各地区的高度重视与引导下，中医药健康养老工作积极推进。2020 年，国家中医药管理局组织开展了中医药悦读中医活动、健康文化精品遴选、全国中医药健康文化知识大赛等活动，有助于促进中医药康养产业的高质量发展，为中医药康养旅游产业带来了广阔的增长空间。

信息发布

2023 年 2 月，美丽中国行·康养旅游推介大会在北京全国人大会议中心举办，围绕康养旅游、康养提升与休闲发展等话题展开观点分享和讨论。

联合国环境规划署驻华代表涂瑞和表示，康养旅游是很多人期待的旅游形式，随着经济发展水平的提高，大众休闲、度假、养生养老的需求会持续增加。康养旅游在老年人群体中需求巨大，应打造一批知名康养旅游目的地、培育一批服务型企业来满足未来市场需求。

原国家旅游局党组副书记、副局长王志发表示，康养旅游不仅是打造生态旅游景区景点之类的旅游产品，更关键的是要树立绿色发展、可持续发展

的理念。在发展模式上，各地区要探索发展集约资源、保护环境、节能低碳、主客共享的绿色模式。在资源开发上，各地区要充分考虑旅游资源的生态承载力、自然修复力，实现生态保护和旅游发展相统一。

世界旅游城市联合会执行主任兼公共关系与品牌推广部总监、世界旅游城市联合会媒体分会秘书长才华表示，国务院出台了《关于促进健康服务业发展的若干意见》等文件，逐步形成了国家对康养旅游的顶层设计，为康养旅游产业发展带来战略机遇，联合会将与业界一起凝心聚力谋求康养旅游的更大发展。

会上，世界旅游城市联合会首席专家、中国旅游协会休闲度假分会会长魏小安和国务院发展研究中心社会发展研究部部长李建伟分别做了演讲。浙江省温州市、贵州黄果树旅游集团、安徽舒城县万佛湖景区等作康养旅游资源推介。

资料来源：中华人民共和国文化和旅游部。

2. 构建中医药康旅的新业态

为实现中医药文化保护与旅游发展双向赋能，在充分考虑中医药产业发展潜力、旅游资源承载力、自然环境修复力的基础上，进一步激发中医药资源价值、贯彻落实"健康中国"行动理念，中国中医药康养旅游热正在兴起，并在各地区逐渐形成了"旅游+健康+养生"的中医药康养旅游新模式。通过中医药文化体验、中医药健康理疗、中医药主题民宿一体化发展形成康养旅游新业态，中医药产业与康养旅游产业融合发展已成为大健康产业的新发展格局，为游客提供中医药文化体验目的地的同时，进一步激发了中医药产业的经济活力。

例如，海南省通过"产品抢眼—持续营销—加快布局"三部曲深耕康养旅游产业：一是产品抢眼，琼海市博鳌亚洲湾海南卡森养老服务有限公司推出"华龄智·惠+"全新康养模式，依托高科技手段提供综合性服务；三亚国际友好中医疗养院推出"喜松堂"中医药健康产品和中医药文化体验线路，为游客提供针灸按摩、中药温泉浴、中医药制药过程参观等特色康养项目。二是持续营销，海南省通过"健康牌"提升产品吸引力，推出中医药文化体验线路、运动医疗康复中心等一批新型旅游产品推动康养旅游快速发展，推动海南省"中医药+康养+旅游"实现新发展，同时依托腾讯、抖音、爱奇艺等线上平台实现线上线下同步发展，打响全省旅游"健康牌"。三是加快布局，以中共中央、国务院印发的《海南自由贸易港建设总体方案》为指导，海南省加快推动旅游与健康医疗、养老养生等深度融合，并进行"一中心四天堂"的创新规划，明确了建设一批健康管理中心、优先发展轻医疗旅游、建设中医药旅游养生基地等举措。

第五节　中国现代康旅产业的新动向

一、康旅产业跨界的深度融合

在全新的经济形态下，康旅产业通过养颜健体，修身养性以及中医药技术与数字化、互联网等相关产业的跨界深度融合，使游客在旅游的过程中实现身体、心灵全面陶冶与升华。2010—2016 年，旅游、乡村发展、医疗及养老政策均在各自轨道上不断完善，"健康中国"概念在此期间亦不断完善。2016 年《"健康中国 2030"规划纲要》颁布，"推进健康中国建设，提高人民健康水平"成为国家战略，也成为康旅融合的重要政策背景。此后，以健康中国为核心的康旅产业不断整合相关产业资源，形成基于旅游者现代康养需求的产业体系。未来，跨产业、泛行业深度融合发展将成为支撑康旅产业发展的政策基础。

二、康旅产品需求的层次不同

不同年龄阶段的游客对康旅产品和服务的需求重点也是不同的。多样化的需求进一步丰富了康旅元素。以健康为基准元素，融合医疗、养老、中医养生、体育及"互联网+"等元素的新康旅产品，成为满足不同年龄层康养需求的新探索。例如，儿童和青少年游客群体的主要需求是在旅游"求知探奇"的过程中，从康养旅游餐饮中摄入充足的营养，康旅企业应该在康养旅游产品的开发过程中提供充足的营养，促进儿童生长发育，增强免疫力；成年人游客群体的工作压力往往较大，生活作息不规律，容易出现身体亚健康状况，康旅企业应该在康养旅游产品的开发过程中注重调节身体机能、缓解疲劳、提高免疫力等方面；对于中老年人游客群体的身体机能逐渐衰退，容易患上慢性疾病，康旅企业应该在康养旅游产品的开发过程中注重预防和辅助治疗慢性疾病、提高生活质量等，特别是一些康复性和保健性的旅游体验产品，是应该充分考虑的研发重点。

三、康旅产品要素多主体联合

随着康旅产业体系的丰富化、规模的扩大化、产品组合的复杂化、盈利来源的复合化，单一市场主体参与投资、建设、运营的康旅产业很难形成强大的市场竞争力。庞大的康旅产业体系决定了康旅产品要素需要多主体联合，融合形成特色康旅小镇，把医疗产业、医护产业、医养产业、医美产业、医旅产业等多主体资源整合起来，这是康旅产业可持续发展的关键。另外，康旅产业数字化发展通过对多业态建立无边界的电子场域和康养场景，促使各产业、各环节实现无缝对接，既将旅游餐饮、酒店、景区、交通、购物、休闲等传统业态串联，又将中药、疗养、休闲、疗养等康养要素并联其中，形成多主体联合开发康旅产品的发展态势。

四、康旅产业的分时资源共享

分时资源共享，即基于共享经济①理念将资源使用权分成若干个时间段。康旅企业之间通过市场交易、交换、合作、联盟等方式分时间段共享使用康旅资源，以降低资源使用成本，提高闲置资源的综合效益，缓解旅游季节性矛盾，给消费者带来高性价比的服务。康旅分时资源共享的重点领域有：一是与旅游景区分时资源共享，康旅企业可以与旅游景区进行分时资源共享，康旅企业在旅游淡季组织旅游者在景区开展康旅活动，旅游景区给予康旅企业淡季优惠折扣价格，从而实现双赢。二是与医药企事业单位分时资源共享，康旅企业在业务淡季时对医疗机构、医药生产与研发企业、中药种植基地、药用植物园等医药企事业单位的资源进行旅游共享开发，康旅企业在医药企事业单位的业务淡季组织主题医药观光游、专题医药文化体验游等康旅服务项目。三是与康旅接待业的分时资源共享。分时共享在康旅接待业中的运用，通常是指将一定的时间、空间或者服务进行分段，然后以一定的方式分配给不同的用户或客户。通过分时共享的模式，康旅接待业能够更好地优化资源配置，提高资产的使用率，同时满足更多用户的需求。不过，这也对服务的提供者提出了更高的要求，包括服务的标准化、安全性、用户体验等方面的管理。

五、康旅新业态智慧化的发展

（一）中医药康旅智慧化

国家出台了一系列支持中医药发展的政策，传承创新发展中医药已经成为国家中医药管理工作的重点。中医药具有代表中国国家形象的文化符号功能，在国际康旅发展中具有独特的优势。我国要积极开发中医药康旅智慧化产品，提升中医药康旅服务质量，大力推进"药、医、养、游"智慧化融合发展，加大道地药材、原产地药材保护力度，鼓励药食同源产品和保健食品用品的生产研发，发展中医药康养衍生产品，完善支持中医药产业高质量发展的配套产业体系。

典型案例

枣子巷中医药文化特色街区位于成都市金牛区枣子巷，街区涵盖枣子巷主干道及沿线 1.76 万平方米区域。枣子巷一期大力营造中医药文化场景及消费场景。依托成都中医药大学及附属医院，枣子巷引进同仁堂、乐家医、全宇中医药、科盟集团、德仁堂、左氏中医、杞正堂等 10 余家中医药文化品牌入驻，打造以文化体验、医药旗舰、健康养生为主导的体验式、场景化、趣味性中医药主题场景式商业文化街区。

枣子巷的内生活力在于中医药文化本底与其自身的再造血能力，数字体验的持续更新、科研机构的研发、文创艺术的孵化是枣子巷永续发展的重要载体与核心价值。整体业态布局以三大功能以及体验展示组团，让游客沉浸式体验中医文化，感受健康养生生活。未来，枣子巷将持续围绕"成渝双城互动""爱成都、迎大运"等城市主题，以数字视觉科技为引擎，持续坚持街巷形态优化、风貌品质提升、文化特色彰显、消费场景营造，树立文商旅融合发展新标杆，焕发旧城区转型升级新活力。

资料来源：《人民日报》。

（二）文创康旅智慧化

康旅产业发展需要通过与文化产业融合发展，创造新创意、新模式、新业态。发展文创康旅智慧化产业，一般以"健康"为出发点和归宿点，将文化体验、健康疗养、医疗美容、生态旅游、休闲度假、体育运动、健康产品等业态聚合起来，实现文化与健康相关消费聚集，同时还可以创新康旅产品业态，运用大数据、云计算、物联网、人工智能等科技赋能文化康养旅游，提升<u>产业附加值</u>[63]，形成具有文化意蕴和康养功能的新型康养旅游目的地。

典型案例

阿朵小镇是融创中国的首个文旅小镇，坐落于青岛藏马山旅游度假区，该地森林覆盖率76%，全年优良天气342天，山林中溪流密布，藏马湖（陡崖子水库）水域面积达6平方千米，素有"东有崂山，西有藏马"之称。该项目是融创北京区域集团的第三代产品，项目邀请GOA、MAO、OVAL等国际、国内顶级设计团队，倾力打造集观光休闲、高端度假、诗意栖居、运动康养、田园逸趣于一体的复合型、高品位现代小镇标杆、摒弃传统规划的文旅街区规划模板，将沉浸感与艺术审美深度融合。

阿朵小镇已开放和投入使用了阿朵农庄、云茗茶田、影视外景地、融爱家颐养社区、阿朵花街等配套产业，同时还有阿朵花屿、宋品酒店、藏马山滑雪场等文旅业态，再加上原有的私汤温泉、萌宠乐园等设施，项目集田园、生态、度假、康养、旅居、影视旅游等于一体，各类商旅文业态近乎"一网打尽"。

资料来源：融创地产。

（三）运动康旅智慧化

运动康旅智慧化是指将健康、养生、运动融为一体，用现代运动设备的智能化增强运动康养旅游产业的内生动力，具体措施包括：打造<u>智慧运动</u>[64]康养城、智慧生态文化体育公园等新载体，培育运动康养旅游产业新业态；积极支持体育旅游、户外运动、电子竞技等新兴产业发展，培育"康养+运动"产业市场；以地方传统特色体育项目为切入点，打造品牌运动康养赛事活动。

典型案例

米易县位于四川省西南地区，隶属素有"四川小三亚"的攀枝花市。因其良好的气候条件、自然地理条件和丰富的阳光资源，成为康养度假旅游胜地。

米易在康养度假田园综合体的整体开发中，开发出了"康养+度假""康

养+文化""康养+运动""康养+农业""康养+娱乐"五种康养度假模式，结合米易县各区域多样化的旅游资源，对整个县域旅游功能进行分区，不同分区植入特色化的康养旅游产品，实现"攀西旅游区田园度假康养综合体"的总体定位。

　　米易是以中山山地为主的山区县，地形以山地地形为主，可以充分利用山地景观视野，挖掘谷地利用价值。米易县开发了"康养+运动"模式，打造主题和功能丰富的慢行体系，完善运动健身配套设施，建设专业化户外运动培训基地，最大限度地发挥地理优势。例如，策划的空中长廊作为人行天桥，桥身酷似上下起伏的波浪，动感十足，就像嵌入绿色大地的一条纽带，跨过道路，穿过农田。

　　资料来源：笔者根据相关资料整理。

复习思考

　　1. 中国现代康旅产业是什么？

　　2. 中国现代康旅综合体是什么？

　　3. 如何大力发展中医药现代康旅产业？

　　4. 中国现代康旅产业的新动向有哪些？

第六章 基本知识点

扫码查看

第六章 中国现代康旅产业的探索

扫码查看知识卡片

参考文献

［1］杨红英，杨舒然. 融合与跨界：康养旅游产业赋能模式研究［J］. 思想战线，2020，46（6）：158-168.

［2］何莽，彭菲. 基于流动性与健康关系的康养旅游学体系建构［J］. 旅游学刊，2022，37（3）：13-15.

［3］何莽. 中国康养产业发展报告2018［M］. 北京：社会科学文献出版社，2019.

［4］房红，张旭辉. 康养产业：概念界定与理论构建［J］. 四川轻化工大学学报（社会科学版），2020，35（4）：1-20.

［5］中国社会科学评价研究院课题组，荆林波. 中国城市康养产业发展评价：基于AMI评价模型［J］. 体育科学，2022，42（11）：3-10.

［6］汪莉霞. 互联网时代下康养产业智慧化转型研究［J］. 技术经济与管理研究，2021（10）：109-112.

［7］李天元. 旅游学概论［M］. 7版. 天津：南开大学出版社，2014.

［8］刘扬林. 旅游学概论［M］. 北京：清华大学出版社，2009.

［9］张琳. 从旅游活动的动机看旅游的定义［J］. 旅游纵览（下半月），2015（16）：45-46.

［10］谢彦君. 旅游体验的情境模型：旅游场［J］. 财经问题研究，2005（12）：64-69.

［11］陶玉霞. 旅游：穿越时空的心灵对话［J］. 旅游学刊，2018，33（8）：118-132.

［12］邓勇勇. 旅游本质的探讨：回顾、共识与展望［J］. 旅游学刊，2019，34（4）：132-142.

［13］廖平. 中文"旅游"的语义渊源与流变［J］. 旅游学刊，2020，35（8）：144-150.

［14］侯风云.“产业”概念界定与自然垄断产业多元化基础［J］.福建论坛（人文社会科学版），2009（4）：106-110.

［15］罗明义.关于“旅游产业范围和地位”之我见［J］.旅游学刊，2007（10）：5-6.

［16］母涛.论旅游资源开发与旅游产业的关系［J］.经济体制改革，2006（2）：178-181.

［17］占佳.旅游产业范围界定应从基本概念入手［J］.旅游学刊，2007（12）：9-10.

［18］齐坤山，师守祥.构成、融合、符号化：旅游产业界定的三重概念［J］.旅游论坛，2016，9（1）：14-19.

［19］王赵.国际旅游岛：海南要开好康养游这个“方子”［J］.今日海南，2009（12）：12.

［20］任宣羽.康养旅游：内涵解析与发展路径［J］.旅游学刊，2016，31（11）：1-4.

［21］何莽.基于需求导向的康养旅游特色小镇建设研究［J］.北京联合大学学报（人文社会科学版），2017，15（2）：41-47.

［22］王伟杰.智慧康养旅游产业高质量发展的理论逻辑与实践探索：以贵州智慧康养旅游产业发展为例［J］.理论月刊，2022（12）：83-93.

［23］杜鹏，韩荣菲，姜苏容.陕西省康养旅游资源的空间分布格局及其影响因素［J］.国土资源科技管理，2023，40（3）：85-94.

［24］任宣羽.康养旅游：内涵解析与发展路径［J］.旅游学刊，2016，31（11）：1-4.

［25］李伟杰，刘岗，钟新周.康养旅游的分类与特点分析［J］.经济研究导刊，2021（15）：131-133.

［26］KAZAKOV S, OYNER O. Wellness tourism：a perspective article［J］. Tourism Review, 2020, 76（1），58-63.

［27］GOODARZI M, HAGHTALAB N, SHAMSHIRY E. Wellness tourism in Sareyn, Iran：resources, planning and development［J］. Current Issues in Tourism, 2015, 19（11），1071-1076.

［28］LUNT N, HORSFALL D, HANEFELD J. Medical tourism：a snapshot of evidence on treatment abroad［J］. Maturitas, 2016（88）：37-44.

［29］朱真梅，黄萍，吴英，等.中国天然氧吧县康旅融合水平测度研究：

以四川 19 县市区为例 [J]. 绿色科技, 2023, 25 (11)：239-243, 278.

[30] 渠兴勤, 殷杰. 康旅耦合协调发展时空态势及其影响因素研究 [J]. 地理与地理信息科学, 2022, 38 (6)：126-134.

[31] 杨懿, 时蓓蓓. 健康旅游产业融合发展：动力、机理与路径 [J]. 湖湘论坛, 2020, 33 (5)：126-135.

[32] 吴之杰, 郭清. 我国健康旅游产业发展对策研究 [J]. 中国卫生政策研究, 2014, 7 (3)：7-11.

[33] 周晓琴, 明庆忠, 陈建波. 山地健康旅游产品体系研究 [J]. 资源开发与市场, 2017, 33 (6)：727-731.

[34] 杨璇, 叶贝珠. 我国健康旅游产业发展的 PEST 分析及策略选择 [J]. 中国卫生事业管理, 2018, 35 (12)：942-945.

[35] 陈亨平, 陈宸. 人体"形—精—气—神"模式初探 [J]. 浙江中医杂志, 2020, 55 (6)：397-398.

[36] 樊经洋, 翟双庆. 天人视域下的《黄帝内经》"心主神明"命题探析 [J]. 北京中医药大学学报, 2022, 45 (4)：325-333.

[37] 秦健全, 鞠宝兆.《黄帝内经》养生观中的道法自然 [J]. 中国中医基础医学杂志, 2021, 27 (3)：436-438.

[38] 曹志清. 形意拳理论研究 [M] 北京：人民体育出版社, 1998.

[39] 陈双进, 叶明花, 蒋力生. 李鹏飞的"人元"饮食养生观探析 [J]. 中国中医基础医学杂志, 2023, 29 (2)：221-224.

[40] 王燕平, 李宏彦, 张维波.《黄帝内经·灵枢》编撰者解析 [J]. 中医学报, 2020, 35 (12)：2508-2513.

[41] 张锐年, 田永衍.《黄帝内经》天人观探析 [J]. 中医研究, 2016, 29 (12)：1-4.

[42] 谢彦君. 基础旅游学 [M]. 4 版. 北京：商务印书馆, 2015.

[43] 杨振之. 论旅游的本质 [J]. 旅游学刊, 2014, 29 (3)：13-21.

[44] 彭顺生. 世界旅游发展史 [M]. 2 版. 北京：中国旅游出版社, 2017.

[45] 倪明辉. 黑龙江省民族地区康养旅游产业跨界融合模式研究 [J]. 黑龙江民族丛刊, 2022 (2)：82-89.

[46] 黄慧."候鸟式"异地养老群体的养老质量研究：基于三亚市的个案分析 [J]. 特区经济, 2020 (4)：58-60.

[47] 贺小荣, 张明雪, 秦俊娜. 温泉康养旅游体验质量评测与提升策略研

究：以宁乡灰汤温泉为例 ［J］. 洛阳师范学院学报，2022，41（6）：32-37.

［48］杨金一. 黑龙江省中医药康养旅游特色小镇发展研究：以勃利县元明村为例 ［J］. 商展经济，2022，57（11）：45-47.

［49］杨红英，杨舒然. 融合与跨界：康养旅游产业赋能模式研究 ［J］. 思想战线，2020，46（6）：158-168.

［50］何庆勇，张月，张葛. 毛泽东的中医轶事 ［C］//中华中医药学会中医药文化分会，中国自然辩证法研究会易学与科学委员会. 第十一届全国中医药文化学术研讨会：第十届全国易学与科学学术研讨会论文集. ［出版者不详］，2008：118-119.

［51］吴以岭，李红蓉. 党领导中医药事业发展：庆祝中国共产党成立100周年 ［J］. 疑难病杂志，2021，20（7）：649-652.

［52］陈心仪. 中国森林康养产业发展现状与展望 ［J］. 山西财经大学学报，2021，43（1）：50-52.

［53］束怡，楼毅，张宏亮，等. 中国森林康养产业发展现状及路径探析：基于典型地区研究 ［J］. 世界林业研究，2019，32（4）：51-56.

［54］郑将栋. 基于不同消费群体的舟山市运动休闲康养旅游发展路径研究 ［J］. 当代体育科技，2022，12（23）：98-103.

［55］习近平. 习近平谈治国理政：第2卷 ［M］. 北京：外文出版社，2017.

［56］王永强. 温泉旅游理论、实践与案例研究 ［M］. 北京：旅游教育出版社，2014.

［57］刘笑辉，刘孝磊. 日本温泉康养旅游发展成功经验对吉林省仙人桥温泉旅游开发的启示 ［J］. 现代营销（学苑版），2021（11）：130-131.

［58］谢璐. 温泉旅游文化 ［M］. 天津：天津大学出版社，2017.

［59］谭见安. 温泉旅游之科学 ［M］. 北京：中国建筑工业出版社，2011.

［60］巨鹏. 温泉旅游地开发与管理 ［M］. 北京：社会科学文献出版社，2020.

［61］宋晓蕾. 试论生活美容行业发展问题及其应对策略 ［J］. 宏观经济管理，2017（1）：44-45.

［62］洪铮. 珠江：西江经济带女性美容旅游的开发与建设 ［J］. 旅游纵览（下半月），2016（20）：98-100.

［63］刘霞. 法国依云小镇对中国特色小镇发展的启示 ［J］. 当代旅游，2019（7）：184.

[64] 李钰. 韩国整形经济的新拐点 [J]. 中国新时代, 2013 (8): 42-45.

[65] 侯冠宇, 胡宁宁. 中国卫生医疗资源供给水平的影响及路径提升分析 [J]. 中国医院, 2022, 26 (12): 24-27.

[66] 梅仪, 华晔. 面向差异化需求的多元养老服务模式分析 [J]. 中国管理科学, 2023, 31 (8): 71-79.

[67] 孙源源, 王玉芬, 施萍, 等. "一带一路" 背景下江苏中医药健康旅游的创新发展策略 [J]. 世界科学技术-中医药现代化, 2018, 20 (5): 769-774.

[68] 王晓川, 王慧. 全民健康背景下中国康养旅游发展模式分析 [J]. 林业科技情报, 2022, 54 (3): 26-28.

[69] 彭健怡, 王丽. 国内外康养旅游发展模式研究 [J]. 太原城市职业技术学院学报, 2022, 251 (6): 55-57.

[70] 吴吉婷. 国内康养旅游研究综述 [J]. 江苏商论, 2023, 460 (2): 84-86, 99.

[71] 王晓川, 王慧. 全民健康背景下中国康养旅游发展模式分析 [J]. 林业科技情报, 2022, 54 (3): 26-28.

[72] 谢晓红, 郭倩, 吴玉鸣. 中国区域性特色小镇康养旅游模式探究 [J]. 生态经济, 2018, 34 (9): 150-154.

[73] 苗雨婷. 世界康养旅游的发展历程及经验启示 [J]. 西部旅游, 2022, 174 (22): 10-12.

[74] 许欢科, 吴雨云. 民俗文化与康养旅游的融合发展研究: 以广西大新县为例 [J]. 南宁职业技术学院学报, 2022, 30 (1): 91-97.

[75] 任莉莉, 王金叶, 张立斌, 等. 国内健康旅游研究的 CiteSpace 知识图谱可视化分析 [J]. 攀枝花学院学报, 2020, 37 (3): 34-42.

[76] 陈雪钧, 李莉. 共享经济下康养旅游产业创新发展策略研究 [J]. 开发研究, 2022, 221 (4): 73-81.

[77] 冯学钢, 吴文智. 旅游综合体的规划理性与结构艺术 [J]. 旅游学刊, 2013, 28 (9): 8-10.

[78] 刘小燕. 泛旅游时代下旅游综合体发展与创新机制研究 [J]. 理论月刊, 2014 (6): 143-146.

[79] 陆林, 陈振, 黄剑锋, 等. 基于协同理论的旅游综合体演化过程与机制研究: 以杭州西溪国家湿地公园为例 [J]. 地理科学, 2017, 37 (4): 481-491.

[80] 何莽, 杜洁, 沈山, 等. 中国康养产业发展报告 (2017) [M]. 北京:

社会科学文献出版社，2017.

[81] 毛嘉陵. 中国中医药发展报告（2019）[M]. 北京：社会科学文献出版社，2019.

[82] 朱建平，林明欣. 百年中医药发展史报告会述要 [J]. 中国科技史杂志，2016，37（1）：130-131.

[83] 汪晓凡，朱春雪，耿格格，等. 中医药参与抗疫社会影响力评价报告 [M]. 北京：社会科学文献出版社，2021.

[84] 杨康，李放. 智慧养老中的技术服务：实现条件、实践限度及完善策略 [J]. 广西社会科学，2022（5）：138-145.

[85] 张广海，董跃蕾. 中国康养旅游政策演化态势及效果评估 [J]. 资源开发与市场，2022，38（12）：1491-1496.

[86] 王丽. 大健康视域下康养旅游发展模式和路径探析 [J]. 产业创新研究，2022，96（19）：133-135.

[87] 王燕. 国内外养生旅游基础理论的比较 [J]. 技术经济与管理研究，2008，158（3）：109-110，114.

[88] 杨锐. 新旧动能转换背景下康养旅游产业创新发展研究：以山东省为例 [J]. 延边党校学报，2020，36（2）：73-78.

[89] 杨晓平. "康养+" 视角下的文创产品创新设计：以腾冲和顺古镇为例 [J]. 文化创新比较研究，2022，6（18）：105-108.